1,50 ABG

Kiefer · Rieder · Kunze

Feine Gemüseküche

ISBN 3-901794-96-4

© Firmensitz: Kneipp-Verlag, Kunigundenweg 10, A-8700 Leoben;
  Zweigstelle: Lobkowitzplatz 1, 1010 Wien.

Autoren: Univ.-Doz. Mag. Dr. Ingrid Kiefer
  Univ.-Prof. Dr. Anita Rieder
  Univ.-Prof. Dr. Michael Kunze

Fotos, Grafik, technische Bearbeitung: Hubert Liebenberger, Kneipp-Verlag

Druck: Theiss GmbH, A-9431 St. Stefan

1. Auflage   Leoben, Jänner 2004

Kiefer · Rieder · Kunze

Feine Gemüseküche

Schützt vor:

- freien Radikalen
- Krebs
- Herz-Kreislauf-Erkrankungen

Inhalt

Vorwort 6

Allgemeines über Gemüse 7

Was ist drin im Gemüse? 8
Mögliche unerwünschte Inhaltsstoffe 13
    Solanin 13
    Oxalsäure 13
    Acrylamid 13
    Goitrogene Stoffe 14
    Nitrat 14
    Pestizide 15

Tipps zur Schadstoffverringerung beim Gemüse 15

Gemüsesorten – das kleine Gemüse-Einmaleins 16
    Artischocke 16
    Auberginen 16
    Avocado 16
    Bambussprossen 17
    Bärlauch 17
    Blumenkohl/Karfiol 18
    Brokkoli 18
    Fenchel/Gemüsefenchel 19
    Gurke 19
    Hülsenfrüchte 20
    Karotte/Möhre 20
    Kartoffel 21
    Kohl 22
    Kohlrabi 22
    Kohlsprossen/Rosenkohl 23
    Kürbis 23
    Lauch/Porree 24
    Mangold 24
    Maniok 24
    Okra 24
    Paprika 25
    Pastinake 25
    Pilze 26
    Rettich 26
    Rote Rüben/Rote Bete 27
    Salat 27
    Schwarzwurzel 28
    Sellerie 28
    Spargel 28
    Spinat 29
    Süßkartoffel 29
    Tamarillo 30
    Tomaten/Paradeiser 30
    Topinambur 31
    Zucchini 31
    Zuckererbsen 32
    Zwiebel 32

Der richtige Umgang mit Gemüse 33
    Einkauf 33
    Richtige Lagerung 33
    Saison-Kalender Gemüse 34

Tipps für die Gemüseküche 35

Haltbarmachung von Gemüse 36
    Tiefgefrieren 36
    Trocknen 37
    Gärung 38

Rezepte / Suppen · Vorspeisen
Gurken-Jogurt-Suppe 40
Sauerkraut-Apfel-Rohkost 40
Gemüsesulz 42
Zucchini-Buttermilch-Sülzchen 42

Hauptspeisen · vegetarisch
Bulgur-Paprika-Salat 44
Gemüse-Schafkäse-Gratin 44
Gefüllte Tomaten 46
Penne mit Rucolasoße 46
Mangold-Risotto 47
Roter Linsentopf mit Kartoffeln 47
Polentanocken auf Tomatengemüse 48
Fenchel mit Grünkernfüllung 50
Gefüllte Zwiebeln mit Karottensoße 51
Topfenlaibchen im Gemüsebett 52
Zucchini-Käse-Kuchen 54
Kartoffel-Lauch-Rolle 54
Tofu-Brokkoli-Pfanne 56
Gemüse-Wok mit Basmatireis 56
Kartoffel-Grünkern-Laibchen mit Mischgemüse .. 57
Kartoffel-Spinat-Gratin 58
Spinat-Lasagne 58
Spinat-Polenta-Auflauf 60

Karotten-Hafer-Topf 60
Linsen-Karfiol-Curry 62
Topinambur-Puffer mit Schnittlauchjogurt ... 62
Französischer Zwiebelkuchen 63
Kohlauflauf 63
Gemüse-Grünkern-Laibchen 64
Gemüse-Kartoffel-Strudel 64
Spinatknödel 66
Gemüse-Topfen-Laibchen 66
Gemüsegulasch im Brotmantel 68
Kartoffelgulasch mit und ohne Fleisch 68
Kartoffel-Lauch-Laibchen 70
Krautpalatschinken 70
Gemüse-Hafer-Laibchen 72

Hauptspeisen mit Fleisch
Putenspinatrollen mit Reis 74
Kürbiscurry mit Pute 74
Gekochtes Rindfleisch mit Kartoffelsoße 76
Kohlsprossenauflauf 78

Hauptspeisen mit Fisch
Provenzalisches Fischfilet mit Kartoffeln 80
Gurken-Lachs-Pfanne mit Kartoffeln 80
Scharfer Fischwok 82
Gemüse-Fisch-Pfanne 82

Kleine Köstlichkeiten
Eingelegtes Gemüse süß-sauer 84
Sellerie-Apfel-Aufstrich 84
Eingelegte Paprika 86
Rohkostaufstrich 86
Kürbis-Marillen-Marmelade 88
Kürbiskompott süß-sauer 88

Brot & Gebäck
Karotten-Früchte-Kuchen 90
Kürbis-Honig-Kuchen 90
Kürbisbrot 92
Kürbisküchlein 93
Oma's Kartoffelbrot 93
Karottenkuchen 94
Kartoffel-Mohn-Kuchen 94

Vorwort

Gemüse war neben dem Getreide über Jahrzehnte die Basis der Ernährung. Es wurde selbst angebaut und durch verschiedene Konservierungsmethoden (z. B. Säuern, Salzen) auch haltbar gemacht.

Heute ist Gemüse in unseren Gegenden fast unbegrenzt erhältlich. Moderne Konservierungsarten (z. B. Tiefgefrieren) ermöglichen ein breites Angebot über das ganze Jahr.

Gemüse ist ein wichtiger Lieferant von zahlreichen Schutzstoffen. Dazu zählen aber nicht nur die Vitamine und Mineralstoffe, sondern auch noch viele so genannte bioaktive Substanzen.

Leider wird aber bei der Zubereitung sehr viel falsch gemacht. Gemüse wird sehr oft zu lange gewässert und gekocht. Damit nimmt der Anteil der Schutzstoffe deutlich ab.

Außerdem werden Gemüsegerichte durch die entsprechenden Zutaten, wie Rahm, Eier, Schlagobers usw., zu richtigen Kalorien- und Fettbomben.

Dieses Buch gibt Ihnen einerseits einen Überblick über die wichtigsten Gemüsesorten und ihre wertvollen Inhaltsstoffe. Andererseits finden Sie auch viele praktische Tipps, die Ihnen bei der Zubereitung, bei der Lagerung und auch beim Haltbarmachen helfen.

Die Rezepte entsprechen den modernen Anforderungen. Sie sind natürlich leicht nachzukochen, aber sie sind auch fettarm.

Mit diesem Buch können Sie selbst sehr leicht feststellen: Gemüse ist nicht nur gesund, sondern es schmeckt auch vorzüglich! Es wird auch Gemüsemuffel überzeugen!

Allgemeines über Gemüse

Gemüse wird schon seit Jahrtausenden von Völkern angebaut und stand somit als Nahrungsquelle zur Verfügung. Seit langem kennt man aber auch den wichtigen gesundheitlichen Wert.

Neben dem Getreide sollten Gemüse und Obst die Basis unserer Ernährung darstellen. 3 bis 5 Obst- und Gemüseportionen werden täglich empfohlen, wobei eine Portion 125 g entspricht. Insgesamt sollten pro Tag mindestens 400 g gegessen werden.

Bei uns wird Gemüse hauptsächlich als Beilage konsumiert, es sollte aber mengenmäßig den Hauptbestandteil einer Mahlzeit liefern.

Was ist drin im Gemüse?

Die ernährungsphysiologische Bedeutung von Gemüse liegt im hohen Gehalt an **Vitaminen, Mineralstoffen, Spurenelementen, Ballaststoffen und sonstigen Schutzstoffen.** Durch den hohen Wassergehalt ist der Energiegehalt sehr niedrig.

Hauptbestandteil sind aber **Kohlenhydrate** und hier vorwiegend zusammengesetzte wie Stärke und auch Ballaststoffe. Diese Kohlenhydrate sind für den Körper sehr günstig, da sie langsamer ins Blut aufgenommen werden und den Blutzuckerspiegel nicht übermäßig erhöhen. Sie haben dadurch einen niedrigen glykämischen Index und sind für die tägliche Ernährung besonders wichtig.

Besonders stärkereich sind Kartoffeln. Topinambur und Artischocken enthalten als Reservekohlenhydrat hauptsächlich Inulin. Inulin kann im Dünndarm nicht verdaut werden und gelangt fast unverändert in die unteren Darmabschnitte, wo es zu kurzkettigen organischen Säuren abgebaut werden kann. Dies bewirkt, dass das Wachstum der Darmbakterien angeregt und die Darmflora gesund erhalten wird (= probiotische Wirkung). Inulin wird aufgrund seiner Wirkung zu den **Ballaststoffen** gezählt.

Neben Inulin enthält Gemüse auch noch eine Reihe von anderen Ballaststoffen. So kommt in den pflanzlichen Zellwänden Cellulose, Hemicellulose, Lignin und Pektin vor. Auch die im Gemüse enthaltene Stärke kann zum Ballaststoff werden. Werden beispielsweise Kartoffeln gekocht und anschließend gekühlt, verändert sich die Struktur der Stärke so, dass sie nicht mehr verdaut werden kann. Es entsteht die so genannte resistente Stärke. Sie wirkt wie ein Ballaststoff.

Besonders ballaststoffreich sind auch alle Kohlarten.

Im Gemüse kommen vorwiegend lösliche Ballaststoffe vor. Sie können Wasser binden und dabei stark aufquellen. Sie binden Gallensäuren. Damit kann Cholesterin vom Körper auf natürliche Weise ausgeschieden werden, da Cholesterin zu Gallensäuren umgewandelt wird. Ballaststoffe verhindern auch starke Schwankungen des Blutzuckerspiegels.

Gemüse enthält kaum **Fett** und ist wie alle pflanzlichen Produkte **cholesterinfrei**. Falls jedoch Fett enthalten ist (z. B. Avocados), ist dieses besonders reich an den günstigen mehrfach ungesättigten Fettsäuren.

Einzelne Gemüsesorten zeichnen sich auch durch einen hohen **Eiweißgehalt** aus. So zählen Hülsenfrüchte zu den pflanzlichen Eiweißlieferanten.

Soja-Eiweiß enthält die acht essentiellen (lebensnotwendigen) Aminosäuren (Eiweißbausteine), die man unbedingt braucht, um aus diesem Nahrungseiweiß Körpereiweiß aufzubauen (=biologische Wertigkeit).

Fehlt eine dieser acht lebensnotwendigen Aminosäuren kann kein Körpereiweiß aufgebaut werden oder ist eine dieser Aminosäuren nur in geringen Mengen vorhanden, so ist diese die „limitierende" und nur geringe Mengen des Nahrungseiweißes können umgewandelt werden.

Bei Soja ist die essentielle Aminosäure Methionin nur in geringen Mengen enthalten. Durch Kombination von Sojaprodukten mit Lebensmitteln, die hohe Mengen

dieser „limitierenden" Aminosäuren enthalten, erhöht sich die biologische Wertigkeit, es kommt zu einem guten Ergänzungswert. So ist es sinnvoll, Soja mit Ei oder Getreide zu kombinieren.

Auch die Kombination von Bohnen mit Mais erhöht die biologische Wertigkeit.

Hülsenfrüchte sollten generell mit Milch, Getreide, Ei, Fleisch oder Fisch kombiniert werden. Die Kombination von Kartoffeln mit tierischen Eiweißquellen (Kartoffeln mit Kräutertopfen) erhöht auch die biologische Wertigkeit.

Gemüse	Vitamine	Mineralstoffe	Sekundäre Pflanzeninhaltsstoffe
Kohlgemüse			
Karfiol (Blumenkohl)	Vitamin C, K, Folsäure	Kalium, Magnesium	Glucosinolate, Flavonoide, Phenolsäuren
Brokkoli	Vitamin C, K, Folsäure, Pantothensäure	Kalium, Kalzium, Magnesium, Eisen, Zink, Kupfer, Mangan	Glucosinolate, Carotinoide, Flavonoide, Phenolsäuren
Chinakohl	Vitamin C, K, Folsäure	Kalium	Glucosinolate, Flavonoide, Phenolsäuren
Grünkohl	Vitamin C, K, Folsäure, B-Vitamine	Kalium, Kalzium, Eisen, Magnesium, Mangan, Jod	Glucosinolate, Flavonoide, Phenolsäuren, Carotinoide
Kohlsprossen (Rosenkohl)	Vitamin C, K, Folsäure, B-Vitamine	Kalium, Magnesium, Eisen, Zink	Glucosinolate, Flavonoide, Phenolsäuren, Carotinoide
Rotkohl	Vitamin C, K, Folsäure	Kalium, Kalzium, Magnesium	Glucosinolate, Flavonoide (Anthocyane), Phenolsäuren
Kraut (Weißkohl)	Vitamin C, K, Folsäure	Kalium, Kalzium, Magnesium, Eisen, Zink, Mangan	Glucosinolate, Flavonoide, Phenolsäuren
Wirsing	Vitamin C, K, Folsäure	Kalium, Kalzium, Eisen, Mangan	Glucosinolate, Flavonoide, Phenolsäuren, Carotinoide
Zwiebelgemüse			
Zwiebel	Vitamin C	Kalium, Zink, Mangan	Sulfide, Flavonoide, Phenolsäuren
Knoblauch			Sulfide, Flavonoide, Phenolsäuren
Lauch/Porree	Vitamin C, K, Folsäure	Kalium, Kalzium, Magnesium, Eisen, Mangan	Sulfide, Flavonoide, Phenolsäuren, Carotinoide
Blattgemüse			
Chicorée	Vitamin C, K, Folsäure	Kalium	Carotinoide, Phenolsäuren, Bitterstoff Intybin
Endivie	Vitamin C, K, Folsäure	Kalium, Eisen	Carotinoide, Flavonoide, Phenolsäuren
Feldsalat	Vitamin C, K, Folsäure	Kalium, Eisen	Carotinoide, Phenolsäuren
Kopfsalat	Vitamin C, K, B-Vitamine	Kalium	Carotinoide, Flavonoide, Phenolsäuren
Mangold	Vitamin C, A, K, Folsäure	Kalium, Kalzium, Eisen, Mangan	Carotinoide, Phenolsäuren
Spinat	Vitamin C, A, K, Biotin	Kalium, Kalzium, Magnesium, Eisen, Mangan	Carotinoide, Phenolsäuren, Phytosterine

Gemüse	Vitamine	Mineralstoffe	Sekundäre Pflanzeninhaltsstoffe
Wurzel- und Knollengemüse			
Kartoffel	Vitamin C, B_6	Kalium, Magnesium, Kupfer	Protease-Inhibitoren, Phenolsäuren
Karotte	Vitamin A, K, Biotin	Kalium, Kalzium, Eisen, Mangan	Carotinoide, Polyphenole, Phytosterine
Knollensellerie	Vitamin E, K, Folsäure	Kalium, Kalzium	Monoterpene, Phthalide, Polyphenole
Kohlrabi	Vitamin C, K, Folsäure	Kalium, Kalzium, Magnesium, Eisen	Glucosinolate, Flavonoide, Phenolsäuren
Pastinake	Folsäure	Kalium, Magnesium, Zink, Mangan	Flavonoide, Monoterpene, Phenolsäure
Petersilienwurzel	Vitamin C, K, Folsäure	Kalium, Kalzium, Magnesium, Eisen	Flavonoide, Monoterpene, Phenolsäuren
Radieschen	Vitamin C	Kalium, Eisen, Kupfer	Glucosinolate, Flavonoide, Phenolsäuren
Rettich	Vitamin C	Kalium, Eisen	Glucosinolate, Phenolsäuren
Rote Rübe (Rote Bete)	Folsäure	Kalium, Magnesium, Eisen, Kupfer, Mangan	Flavonoide (Anthocyane), Phenolsäuren
Schwarzwurzel	Vitamin C, E	Kalium, Kalzium, Magnesium, Eisen, Kupfer	Polyphenole
Stängel- und Blattstielgemüse			
Fenchel	Vitamin C, A, E, K, Folsäure	Kalium, Kalzium, Magnesium, Eisen, Mangan	Carotinoide, Monoterpene, Phenolsäuren
Spargel	Vitamin C, K	Kalium, Magnesium, Eisen, Kupfer, Mangan	Sulfide, Saponine, Phenolsäuren
Staudensellerie	Vitamin K	Kalium, Kalzium, Mangan	Carotinoide, Monoterpene
Fruchtgemüse			
Melanzani (Aubergine)		Kalium, Kupfer, Mangan	Flavonoide (Anthocyane), Phenolsäuren
Gemüsepaprika	Vitamin C, B_6	Kalium	Carotinode, Penolsäure
Gurke	Vitamin K	Kalzium, Zink, Mangan	Cucurbitacine, Phenolsäuren
Kürbis	Vitamin C	Kalium, Eisen	Carotinoide, Phenolsäuren
Tomate	Vitamin C	Kalium	Carotinoide (Lycopin), Saponine, Polyphenole
Zucchini	Vitamin C, K	Kalium, Magnesium, Eisen	Phenolsäuren

Alle Gemüsesorten zeichnen sich durch einen hohen Gehalt an **Vitaminen** und **Mineralstoffen** aus. Besonders reich an Vitamin C sind alle Kohlsorten, Sauerkraut und grüner Paprika. Vitamin A und deren Vorstufen findet man beispielsweise in Karotten, Fenchel, Spinat und Folsäure auch in Kresse, Fenchel und Chinakohl. Die meisten Gemüsesorten haben auch einen hohen Vitamin-K-Gehalt.

An Mineralstoffen liefert Gemüse vor allem größere Mengen an Kalium, Magnesium und Phosphor, aber nur geringe Mengen an Natrium.

Gemüse enthält aber geringe Mengen an Vitamin D, Vitamin B_2, Vitamin B_{12} und Kalzium. Dies sind auch die kritischen Nährstoffe bei einer vegetarischen Kostform, insbesondere aber bei sehr strengen Formen (= Veganer). Weiters muss darauf hingewiesen werden, dass das Eisen aus der Pflanze nur zu 10 % für den Körper verwertbar ist. Hingegen kann Eisen aus tierischen Produkten bis zu 30 % ausgenutzt werden. Kombiniert man tierische und pflanzliche Lebensmittel, verdoppelt sich die Ausnutzung. Vitamin C verbessert auch die Eisenverfügbarkeit.

Neben den zahlreichen Vitaminen und Mineralstoffen zeichnen sich alle Gemüsesorten durch ihren hohen Anteil an **sekundären Pflanzeninhaltsstoffen** aus.

Diese verschiedenen Stoffe wie Glucosinolate, Flavonoide, Phenolsäuren usw. schützen den Körper vor der Entstehung von Krebskrankheiten.

So kann Gemüse vor Entstehung von Krebs in der Mundhöhle, des Rachens, der Speiseröhre, der Lunge, des Magens, des Darmes und der Blase schützen. Diese Pflanzenschutzstoffe wirken aber auch antimikrobiell, antioxidativ, immunmodulierend, entzündungshemmend, können den Cholesterinspiegel senken, den Blutzuckerspiegel positiv beeinflussen und wirken auch verdauungsfördernd.

Mögliche unerwünschte Inhaltsstoffe

Neben allen wertvollen Inhaltsstoffen kann Gemüse aber auch Inhaltsstoffe aufweisen, die für die Gesundheit nicht nur von Vorteil sind. Dazu zählen natürliche Stoffe wie Solanin, Oxalsäure aber auch Nitrat und Rückstände von Pestiziden, Schwermetallen und Acrylamid, das durch die Zubereitung entstehen kann. Durch die richtige Auswahl beim Einkauf und die richtige Zubereitung lassen sich aber diese unerwünschten Inhaltsstoffe auf ein Minimum reduzieren.

Die Schadstoffbelastung hat in den letzten Jahren kaum zugenommen, obwohl man einen anderen Eindruck hat. Zugenommen haben lediglich die Anzahl der Analysedaten und die Genauigkeit der Messungen.

Solanin

Solanin ist ein Alkaloid, das in Nachtschattengewächsen (Tomate, Kartoffel) in unterschiedlicher Menge vorkommt. Es wird direkt unter der Schale gebildet und ist in den grünen Stellen enthalten. Auch die Keime der Kartoffeln sind sehr solaninhaltig.

Solanin erzeugt schon in kleinen Mengen Magen-Darm-Beschwerden (Durchfall, Erbrechen), Mattheit und Kopfschmerzen. Akute Vergiftungserscheinungen mit Krämpfen, Atemnot und sogar Todesfälle treten bei Zufuhrmengen von 2 bis 5 mg pro Kilogramm Körpergewicht auf. Solanin ist aber wasserlöslich. Werden Kartoffeln mit grünen Stellen gekocht, sollte das Kochwasser auf alle Fälle weggeschüttet werden. Vorbeugend sollten immer alle grünen Stellen entfernt werden.

Oxalsäure

Oxalsäure ist eine weit verbreitete Pflanzensäure. Besonders reich an Oxalsäure sind Spinat, rote Rüben, Mangold, Rhabarber und Sauerampfer.

Diese Lebensmittel verschlechtern die Aufnahme von Kalzium, da sich diese Säure mit dem Mineralstoff verbindet. Höhere Konzentrationen im Blut erhöhen das Risiko der Bildung von Harnsteinen. Durch das Blanchieren verringert sich der Gehalt. Das Kochwasser sollte aber weggeschüttet werden. Isst man zu oxalsäurereichen Gemüsegerichten aber Milchprodukte, bindet die Oxalsäure das Kalium und sehr wenig von der Säure wird vom Körper aufgenommen.

Acrylamid

Acrylamid ist keine Verunreinigung von außen, sondern entsteht beim Herstellungsprozess, wenn stärkehaltige Lebensmittel (z. B. Kartoffeln oder Getreide) lange und hoch erhitzt werden. Ungünstig ist eine Erwärmung über 170 °C. Besonders hohe Werte findet man in Pommes frites. Beim Tierversuch war Acrylamid sowohl nerven- als auch erbgutschädigend und hatte eine

krebserregende Wirkung. Aus diesem Grund sollte man besonders „knusprige" Lebensmittel nicht täglich und in großen Mengen verzehren und lieber Lebensmittel essen, die gekocht oder gedünstet wurden.

Goitrogene Stoffe

Diese Stoffe fördern die Kropfbildung und finden sich in Kohl- und Rübensorten wie Rettich, Radieschen und Zwiebeln.

Nitrat

Nitrat, aus dem natürlichen Gehalt des Bodens oder durch Düngung stammend, wird von Pflanzen aus dem Boden aufgenommen und gespeichert. Nitrat an sich ist für den Menschen noch unbedenklich. Es wird aber unter bestimmten Bedingungen (z. B. Wärme, durch Bakterien) zum giftigen Nitrit umgebaut.

Nitrit behindert den Sauerstofftransport im Blut. Dadurch kann es zu Sauerstoffmangel und Atemnot kommen. Besonders gefährdet sind Säuglinge, die im schlimmsten Fall ersticken (= Blausucht). Aus diesem Grund sollten Kinder unter einem Jahr möglichst wenig nitrat- oder nitrithaltige Lebensmittel essen.

Aus Nitrit können aber auch durch die Reaktion mit Eiweißstoffen (biogenen Aminen) so genannte Nitrosamine entstehen, die krebserregend sind.

Die Nitratspeicherung ist abhängig von der Gemüsesorte. Hohe Nitratwerte haben: Feldsalat, Rucula, Kohlrabi, Kopfsalat, Mangold, Spinat, Radieschen, Rettich, Kohl und rote Rüben.
Mittlere Werte findet man in Chinakohl, Eisbergsalat, Fenchel, Endivie, Sellerie und Zucchini. Niedrige Werte haben Melanzani, Kartoffeln, Bohnen, Gurken, Erbsen, Spargel, Tomaten, Schwarzwurzeln, Lauch, Zwiebeln, Paprika und Karotten.

Besonders hoch ist der Nitratgehalt immer in den Stielen, Blattrippen und den äußeren Blättern und Schalen. Werden diese Teile entfernt, verringert sich auch der Nitratgehalt im Essen. Die Belastung ist beim Blattgemüse und auch beim Treibhausgemüse aufgrund der größeren Mengen nitrathaltiger Dünger höher. Wird nitrathaltiges Gemüse gekocht, sollte man es sofort nach der Zubereitung verzehren, da durch das Stehenlassen der Nitratgehalt erhöht wird. Spinat und Kohl sollten nicht wieder aufgewärmt werden, insbesondere nicht für Kinder.

Durchschnittlich nimmt man pro Tag zwischen 50 und 100 mg Nitrat über die Nahrung auf. Isst man aber besonders viele nitratreiche Gemüsesorten, kann die tägliche Aufnahme auf über 150 mg steigen, Mengen bis 1.300 mg/d gelten als unbedenklich. Untersuchungen haben aber gezeigt, dass dadurch keine höhere Nitrosaminbildung erfolgt, sondern im Gegenteil.

Die Nitrosaminbildung ist sogar niedriger als bei geringerem Gemüsekonsum, da durch das Gemüse auch viele Schutzstoffe wie Vitamin C, E und Polyphenole aufgenommen werden, die die Bildung dieser krebserregenden Stoffe verhindern.

Pestizide

Pestizide werden gegen Insekten (Insektizide), Spinnenmilben (Akarizide), Mäuse/Ratten (Rodentizide), Schimmel (Fungizide), Schnecken (Molluskizide) und Unkraut (Herbizide) eingesetzt. Nach ihrem Einsatz dürfen Obst und Gemüse wochenlang nicht zum Verzehr freigegeben werden. Ihre sachgemäße Anwendung darf aber keine schädlichen Auswirkungen auf die Gesundheit von Mensch, Tier und Umwelt hervorrufen. Durch das Verbot des Einsatzes bedenklicher Stoffe, durch die Einhaltung von Wartezeiten und durch die Festsetzung von unvermeidlichen Höchstmengen ist die Sicherheit beim Konsum behandelter Ware gegeben.

Im biologischen Landbau verzichtet man völlig auf den Einsatz von Pestiziden.

Tipps zur Schadstoffverringerung beim Gemüse

- Gemüse der Saison kaufen, da dieses immer weniger belastet ist. Eine gute Alternative ist Tiefkühlgemüse.

- Qualitativ hochwertige Ware bevorzugen, Produkte aus biologischer Landwirtschaft favorisieren.

- Freilandware bevorzugen.

- Anhaftende Schwermetalle können durch gründliches Waschen reduziert werden. Bei rauer, behaarter Oberfläche das Gemüse noch zusätzlich mit einem Küchentuch abreiben.

- Rückstände können auch ins Kochwasser übergehen. Deshalb das Kochwasser bei bestimmten Gemüsearten, wie Spinat oder Grünkohl, die eine große Blattoberfläche haben, nicht mitverwenden.

- Äußere Blätter, Stiele und Strunke entfernen, da sich hier Rückstände besonders gut anreichern.

Gemüsesorten – das kleine Gemüse-Einmaleins

Artischocke
Cynara scolymus

Die Artischocke zählt zu den ältesten Küchenpflanzen der Menschheit. Essbar sind die fleischigen Blütenböden der geschlossenen Knospe der Pflanze (Artischockenboden) und die unteren Teile der Hüllblätter, die vor dem Blühen zart sind. Sie sind das ganze Jahr über erhältlich. Frische Artischocken haben immer geschlossene Knospen und anliegende Blütenblätter, der Stiel ist nicht ausgetrocknet und hat keine braunen Stellen. Sie sind besonders reich an: Kalium, Kalzium, Magnesium, Eisen, Kupfer und Mangan.

Außerdem sind sie durch den enthaltenen Bitterstoff (Cynarin) verdauungs- und appetitanregend.

Auberginen / Melanzani
Solanum melongena

Auberginen werden auch Eierfrüchte oder Melanzani genannt. Die Farbe der eierförmigen Frucht ist violett bis schwarz. Sie gehören zur Familie der Nachtschattengewächse, die aufgrund des Solaningehaltes nicht roh gegessen werden sollten. Das weiße Fruchtfleisch wird durch Sauerstoffeinwirkung sehr schnell braun. Die Kerne sind essbar, haben aber einen leicht bitteren Geschmack. Durch die dünne Schale sind sie sehr empfindlich gegenüber dem Reifegas, das Tomaten, Äpfel, Bananen und Zitrusfrüchte bilden.

Auberginen zeichnen sich durch den hohen Gehalt an Kalium, Kupfer und Mangan aus.

Sie eignen sich hervorragend zum Dünsten, zum Herausbacken und für Aufläufe. Aufgrund der Struktur kann das Fruchtfleisch aber sehr viel Fett aufsaugen.

Avocado
Persea americana

Avocado, auch Alligatorbirne genannt, stammt aus den tropischen Regionen Südamerikas. Das helle, weiche Fruchtfleisch wird von einer dunkelgrünen festen Haut umschlossen. Innen befindet sich ein großer Kern. Die Früchte sind birnenförmig.

Das Fruchtfleisch enthält bis zu 25 % Fett, das sich vorwiegend aus mehrfach ungesättigten Fettsäuren zusammensetzt. Typisch ist ein nussartiger Geschmack.

Reife Früchte erkennt man, wenn sie sich leicht eindrücken lassen und sich der Fruchtkern beim Schütteln der Frucht bewegt. Harte Früchte kann man bei Zimmertemperatur zu Hause nachreifen lassen.

Avocados eignen sich sowohl für pikante, als auch für süße Gerichte und aufgrund des Fettgehaltes auch als Butterersatz. Sie werden meist roh gegessen, da sie durch das Erhitzen sehr leicht einen bitteren Geschmack bekommen können.

Bambussprossen
Bambusa vulgaris

Bei den Bambussprossen handelt es sich um ein spargelähnliches Gemüse, das besonders beliebt für Reisgerichte ist. Bambussprossen sind reich an Kalium, Kupfer Mangan und enthalten große Mengen Kieselsäure. Bambussprossen dürfen nicht roh verzehrt werden, da sie ein Blausäureglykosid enthalten, das für den Menschen giftig ist. Dieses wird aber durch das Kochen unschädlich.

Bärlauch
Allium ursinum

Bärlauch wird als wilder Knoblauch bezeichnet. Er gehört zur Pflanzenfamilie der Lauchgewächse.

Verwendet werden die jungen Blätter, die eine große Anzahl von verschiedenen Schwefelverbindungen haben. Diese sind verantwortlich für den typischen Knoblauchgeruch. Dieser unterscheidet den Bärlauch auch vom ähnlich aussehenden, jedoch giftigen Maiglöckchen oder der Herbstzeitlose.

Verwendet wird Bärlauch anstelle von Knoblauch und Zwiebeln. Die Blätter sind auch roh essbar.

Blumenkohl/Karfiol
Brassica oleracea convar. botrytis var. botrytis

Blumenkohl gehört wie der Brokkoli zur Familie der Kreuzblütler. Bei uns ist der weiße Blumenkohl bekannt. Die Hüllblätter halten das Sonnenlicht fern und verhindern so eine Chlorophyll-Bildung, die dann zu einer Grünfärbung führen würde. Eine grüne Sorte des Blumenkohls ist der Romanesco, der besonders dekorativ ist und im Vergleich zu den weißen Sorten auch größere Mengen an Vitamin C und Mineralstoffen enthält.

Im Handel ist Blumenkohl das ganze Jahr über erhältlich, Hauptsaison ist aber der Sommer. Beim Kauf sollten die Röschen weiß und fest und die äußeren Blätter noch grün und knackig sein. Gelbe bis braune Flecken deuten bereits auf eine verminderte Qualität hin. Druckstellen sollten vermieden werden, da diese nach ein bis zwei Tagen braun werden.

Im Gemüsefach des Kühlschrankes ist der Blumenkohl ungewaschen, in perforiertem Plastik eingepackt, bis zu 10 Tagen haltbar. Er kann roh verzehrt werden, ist so aber schwerer verdaulich. Besonders eignet er sich für Salate, Suppen und Aufläufe. Blumenkohl ist der Bekömmlichste unter den Kohlsorten und eignet sich gekocht auch in der Krankenkost. Nicht gemeinsam mit Tomaten und Obst lagern, da deren Reifegase (Äthylen) den Blumenkohl zum Welken bringen.

Gibt man etwas Zitronensaft ins Kochwasser, bleibt der Blumenkohl weiß. Wird er vor der Zubereitung 15 Minuten in kaltes Salz- oder Essigwasser eingelegt, wird er von Insekten befreit.

Blumenkohl ist reich an Vitamin C, Folsäure, Kalium, Magnesium und Kalzium und an sekundären Pflanzeninhaltsstoffen (z. B. Glucosinolate), die vor allem vor der Entstehung von Krebskrankheiten schützen.

Brokkoli
Brassica oleracea convar. botrytis

Brokkoli gehört auch zur Familie der Kreuzblütler. Er ist sehr eng mit dem Blumenkohl verwandt, hat aber einen viel höheren Gehalt an Vitamin C, A und Spurenelementen. Der Kopf setzt sich aus mehreren kleinen Blütenknospen zusammen. Neben dem grünen Brokkoli gibt es auch gelbe, violette und weiße Sorten. Charakteristisch ist ein spargelähnlicher Geschmack.
Durch die zarte Zellstruktur ist er leicht verdaulich und eignet sich auch für die Schonkost.

Ist er beim Einkauf in Folie gewickelt, sollte er für die weitere Lagerung nicht ausgepackt werden, da er so länger frisch bleibt. Er sollte nicht mit Äpfeln, Orangen oder Tomaten gemeinsam aufgewahrt werden, da diese Äthylen produzieren und dieses den Brokkoli welken lässt. Der Brokkoli eignet sich zum Einfrieren, sollte aber vorher blanchiert werden.

Der Brokkoli gilt schon seit langem als das „Antikrebs-Gemüse", er ist besonders reich an Kalium, Kalzium und Eisen.

Fenchel/Gemüsefenchel
Foeniculum vulgare var. azoricum

Der Fenchel gehört zu den Doldenblütlern. Charakteristisch ist der typische Anisgeschmack, der durch ein ätherisches Öl (Anethol) entsteht. Er enthält reichlich Vitamine (Folsäure, Vitamin C, K und E; ß-Carotin), Mineralstoffe (Kalium, Kalzium, Magnesium, Eisen, Mangan) und ätherische Öle (z. B. Fenchon, Menthol-Öl, Anethol).

Angeboten wird er vorwiegend in den Monaten Oktober bis April. Je heller die Knolle ist, desto zarter ist der Fenchel. In einer gut verschlossenen Plastiktüte ist er im Gemüsefach bis zu zwei Wochen haltbar.

Fenchel kann roh für Salate und Rohkost verwendet werden und eignet sich für zahlreiche Zubereitungen wie Kochen, Dünsten, Überbacken und als Beilage zu Fleisch- und Fischgerichten.

Gurke
Cucumis sativus

Die Gurke zählt zu den Kürbisgewächsen. Salatgurken werden weltweit angebaut. Neben den Salatgurken gibt es noch Schmorgurken, Gewürz- und Schlangengurken. Gurken haben eine feste, grüne Schale und ein helles, wasserreiches Fruchtfleisch, in das die Samenkerne eingelagert sind.

Beim Kauf sollten sie eine feste Konsistenz aufweisen. Im Kühlschrank sind sie im Gemüsefach bis zu einer Woche lagerfähig. Sie eignen sich nicht zum Einfrieren.

Gurken bestehen aus 97 % Wasser und haben außerdem einen hohen Gehalt an Vitamin K, Kalzium, Zink und Mangan. Diese wichtigen Inhaltsstoffe befinden sich größtenteils unter der Schale.

Aus diesem Grund sollte man Gurken nur gründlich waschen und mit der Schale verwenden. Durch Einsalzen kann man einen eventuellen bitteren Geschmack mindern, dabei gehen aber auch viele wertvolle Inhaltsstoffe verloren.

Hülsenfrüchte

Zu den Hülsenfrüchten zählen u. a. Bohnen, Erbsen, Kicherbohnen, Linsen, Sojabohnen und die Erdnuss. Sie sind besonders eiweißreich und mit Ausnahme der Sojabohne und Erdnuss auch fettarm. Das enthaltene Fett hat jedoch einen hohen Anteil an mehrfach ungesättigten Fettsäuren. Sie enthalten aber auch große Mengen an Ballaststoffen und viele Vitamine (K, C, E) und Mineralstoffe (Eisen, Kalzium, Phosphor, Magnesium, Mangan).

Das Eiweiß der Hülsenfrüchte zeichnet sich durch eine hohe biologische Wertigkeit aus. Besonders hoch ist diese bei Sojabohnen.

Unverdauliche zusammengesetzte Kohlenhydrate wie Stachyose und Verbascose sind für die mögliche Entstehung von Blähungen verantwortlich.

Hülsenfrüchte enthalten aber auch eine Reihe von weiteren pflanzlichen Schutzstoffen wie Saponinen oder Protease-Inhibitoren. Sojabohnen sind bekannt für den hohen Gehalt an Phytoöstrogenen.

Getrocknet sind sie nahezu unbegrenzt haltbar. Das harte Zellulosegerüst der Schale hemmt die Quellung. Aus diesem Grund haben sie eine sehr lange Einweich- und Kochzeit. Salz, Zitrone und Essig sollten erst am Ende der Zubereitung beigemengt werden, da diese das Weichwerden verzögern.

Hülsenfrüchte enthalten aber auch Lektine und cyanogene Glycoside, die Vergiftungserscheinungen hervorrufen können. Diese beiden Stoffe werden aber durch das Kochen zerstört. Auch durch das Keimen werden bis zu 90 % der Giftstoffe abgebaut. Aus Sicherheitsgründen sollten aber Keimlinge von Hülsenfrüchten kurz blanchiert werden.

Karotte/Möhre
Daucus carota

Die Karotte ist weltweit die wichtigste Gemüsepflanze und zählt zu den Doldengewächsen. Jungkarotten werden im Bund mit Grün angeboten.

Junge, frühe Karotten haben einen höheren Zuckeranteil und schmecken süßer.

Karotten zeichnen sich durch den hohen Gehalt an Carotin (= Vorstufe von Vitamin A) aus. Je intensiver die Farbe, desto höher ist der Gehalt.
Da Carotin fettlöslich ist, sollten Karotten immer mit etwas Fett gegessen werden, wobei aber einige Tropfen genügen.

Karotten sind sehr leicht bekömmlich und eignen sich nicht nur für die Krankenkost, sondern auch für die Kinderernährung.

Kartoffel
Solanum tuberosum

Die Kartoffel gehört zu den Nachtschattengewächsen. Es gibt bereits weltweit über 100 verschiedene Sorten. Hauptbestandteil ist die Stärke. Die oberirdischen Teile enthalten das giftige Solanin. Dieses ist aber auch in den grünen Stellen der Knolle und in den Keimen der Kartoffel enthalten. Aus diesem Grund sollte man unreife, grüne Kartoffeln nicht verwenden und die Keime und grünen Flecken großzügig herausschneiden.

Je nach Kocheigenschaft unterscheidet man zwischen fest kochenden, vorwiegend fest kochenden und mehligen Sorten.

Fest kochende Kartoffeln (z. B. Hansa, Linzer Delikatesse, Kipfler, Sieglinde, Sigma) eignen sich besonders für Salate, Gratins, Erdäpfelpuffer und -schmarren.

Vorwiegend fest kochende Kartoffeln (z. B. Beko, Bintje, Conny, Désiré, Dora, Erstling, Fatima, Fina, Grata, Isola, Jaerla, Jetta, Linzer Rose, Linzer Gelbe, Linzer Frühe, Lori, Ostara, Patrones, Perla, Prima, Saskia, Senta, Sientje, Sirtema, Sommerniere, Ukama) sind besonders für gekochte Kartoffeln und Bratkartoffeln geeignet.

Wegen des hohen Stärkeanteils sind mehlige Sorten (Ackersegen, Atlas, Aula, Cosima, Delta, Hermes, Lerche, Linzer Stärke, Lisa, Maritta, Norma, Tondra, Uran, Welser Stärke) besonders gut für die Zubereitung von Püree, Rösti und Knödeln geeignet.

Eine Einteilung erfolgt auch nach der Erntezeit. Frühkartoffeln („Heurige") sollten sehr rasch verzerrt werden. Sie sind nicht lagerfähig.

Mittelfrühe Sorten (Bintje, Conny, Sieglinde, Sigma) sind zum Einkellern geeignet.

Für die Vorratshaltung sollten aber mittelspäte bis späte Sorten (Hermes, Maritta, Norma) verwendet werden.

Kohl
Brassica

Der Kohl gehört zur Familie der Kreuzblütler. Bekannt sich etwa 30 verschiedene Arten.

Die wichtigsten Kulturformen sind: Weißkohl (Weißkraut), Rotkohl (Rotkraut, Blaukraut), Grünkohl („Kohl", Blätterkohl, Sommer- und Winterkohl), Kohlsprossen (Rosenkohl), Karfiol (Blumenkohl), Kohlrabi, Brokkoli und Spezialsorten wie Wirsingkohl und Chinakohl.

Alle Kohlsorten zählen zum klassischen „Antikrebs-Gemüse", da sie einen hohen Anteil an sekundären Pflanzeninhaltsstoffen und Vitamin C haben. Sie sind auch sehr gute Ballaststofflieferanten. Verschiedene Arten (z. B. Weißkohl) gelten als schwer verdaulich. Dies kann durch Zugabe von Kümmel verbessert werden.

Brokkoli und Karfiol sind hingegen leichter verdaulich.

Einige Kohlsorten lassen sich sehr gut lagern, sie eignen sich deshalb als Wintergemüse.

Kohlrabi
Brassica oleracea var. gongylodes

Kohlrabi ist eine Kulturform des Gemüsekohls. Die Farbe der Schale ist meist blassgrün bis weißlich oder blau bis rotviolett. Die dunkle Sorte schmeckt würziger und ist auch öfter verholzt.

Der Geschmack, von Senfölglykosiden stammend, ist etwas süßlich, manchmal sogar nussartig, es fehlt aber der typische Kohlgeschmack. Die „Herzblätter" können mitverwendet werden.

Er liefert reichlich Vitamin C, Folsäure, Kalzium, Magnesium, Eisen und Ballaststoffe.

In der Küche ist er vielseitig verwendbar. Gekochte Kohlrabi-Gerichte sollten aber nicht aufgewärmt werden, da die Knollen einen hohen Nitratgehalt ausweisen können. Er eignet sich zum Einfrieren, sollte aber davor immer blanchiert werden. Zur Lagerung im Kühlschrank immer die Blätter abschneiden.

Kohlsprossen/Rosenkohl
Brassica oleracea var. gemmifera

Dabei handelt es sich um eine Wuchsform des Kohls. Der Geschmack ist nach den ersten Winterfrösten am besten, da der Frost den Zuckergehalt erhöht und die Kohlsprossen schmackhafter werden. Das typische

Aroma stammt von diversen Schwefelverbindungen und der bittere Geschmack stammt vom enthaltenen Goitrin. Gibt man Milch zum Kochwasser, wird der Kohlgeschmack gemildert.

Wie alle Kohlsorten haben auch Kohlsprossen sehr viel Vitamin C und K, Magnesium, Eisen und Zink. Besonders wertvoll sind sie durch die enthaltenen Glucosinolate, die unter anderem eine krebshemmende Wirkung haben.
Kohlsprossen eignen sich besonders für die Tiefkühllagerung.

Kürbis
Cucurbita pepo

Kürbisse weisen eine riesige Palette an Formen, Farben und Größen auf. Beim Speise- oder Riesenkürbis (Cucurbita maxima) kann die Frucht bis zu 50 kg oder mehr haben.

Man unterscheidet auch Sommer- und Winterkürbisse. Bei den Sommerarten ist die Schale mitessbar. Zu ihnen zählen Zucchini, Garten- oder Ölkürbisse.
Sommerkürbisse haben ein saftiges Fruchtfleisch, sind aber nicht so lagerfähig wie die Winterarten, die über Monate in trockenen, gut belüfteten Räumen (Keller) gelagert werden können.

Essbar sind auch die Blüten. Zierkürbisse sind für den Verzehr nicht geeignet. Diese enthalten Cucurbitacine, die Vergiftungserscheinungen (z. B. Erbrechen, Durchfälle, Kolikschmerzen, Schwindel, Kopfschmerzen, beschleunigter Puls, Kollaps) auslösen. Erkennbar sind diese Inhaltsstoffe an dem bitteren Geschmack.

Kürbisse enthalten sehr große Mengen Carotin und auch Kieselsäure. Durch den hohen Kaliumgehalt wirkt der Kürbis entwässernd und harntreibend. Aus den Kernen des steirischen Ölkürbisses wird Kürbiskernöl gewonnen, das sich besonders durch den hohen Gehalt an Vitamin E und mehrfach ungesättigten Fettsäuren auszeichnet.

Sommerkürbisse und die Blüten können roh gegessen werden.
Winterkürbisse eignen sich besonders für Suppen, Eintöpfe, Currys und zum Einkochen.

Lauch/Porree
Allium porrum

Lauch gehört zu den Liliengewächsen. Er besteht aus einem weißen Schaft und hat nach oben hin breite, flache, grüne Blätter.

Lauch hat einen typischen zwiebelähnlichen Geschmack, ist aber wesentlich milder. Der typische Geschmack entsteht vor allem durch die enthaltenen Senföle.

Schaft und Blätter können als Gemüse gegessen werden. Er kann roh konsumiert werden, ist aber gekocht leichter verträglich. Bei empfindlichen Personen kann Lauch Blähungen verursachen.

Besonders hoch ist der Gehalt an Vitamin C, K und Folsäure. Wie alle Zwiebelgewächse enthält er schwefelhaltige Inhaltsstoffe, die für seine antibakterielle und antioxidative Wirkung verantwortlich sind.

Im Gemüsefach ist er bis zu 5 Tagen haltbar. Er kann aber seinen zwiebelartigen Geruch auf aromaempfindliche Lebensmittel (z. B. Butter, Äpfel) übertragen und sollte deshalb entweder in Folie gewickelt oder getrennt gelagert werden.

Mangold
Beta vulgaris ssp. vulgaris

Mangold ist eine Unterart der Futterrübe. Je nach Blattausbildung unterscheidet man Blatt- oder Stielmangold. Der Blattmangold wird in der Küche wie Spinat verwendet, die Stielvariante wie Spargel.
Mangold ist reich an Folsäure, β-Carotin, Kalium, Kalzium, Eisen und Mangan.

Maniok
Manihot esculenta

Maniok wird auch Cassava genannt. Es handelt sich um einen 3 m hohen Strauch. Die Wurzel bildet verdickte Knollen mit einer bräunlichen Schale. Diese sind besonders stärkehaltig. Sie schmecken mehlig. Maniok kann nicht roh gegessen werden. Der Milchsaft enthält das giftige Blausäureglykosid Linamarin.

Okra
Abelmoschus esculentus

Die Okra, im Englischen als „ladyfinger" bezeichnet, gehört zu den Malvengewächsen. Die 10 bis 15 cm lange Schote ähnelt der Peperoni.
Die Schale der Schote ist gelb bis dunkelgrün und mit feinen, kurzen Haaren bedeckt. Der Geschmack ist säuerlich-pikant und erinnert an Bohnen. Beim Kochen sondern

sie eine schleimige Flüssigkeit ab. Dies kann verhindert werden, indem man sie kurz in Essigwasser blanchiert oder unzerkleinert für ein bis zwei Stunden in Zitronenwasser legt. Außerdem verhindert auch scharfes Anbraten in Öl die Schleimbildung.

Paprika
Capsicum annuum

Paprika zählt zu den Nachtschattengewächsen und wird in mehr als 50 verschiedenen Formen kultiviert. Die Unterteilung in Gemüse- und Gewürzpaprika (Peperoni, Spanischer Pfeffer) beruht auf dem Geschmack bzw. dem Gehalt an Capsaicin, das für die Schärfe verantwortlich ist. Aus der Kreuzung von Paprika und Tomaten entstand der Tomatenpaprika, der geschmacklich schärfer als der Gemüsepaprika ist, dafür aber weitaus süßlicher schmeckt.

Grüne Paprika sind nicht voll ausgereifte geerntete Früchte. Reife Paprikaschoten sind gelb bis rot. Gehäutete Schoten sind leichter verdaulich. Zum Schälen verwendet man vollreife Früchte (rote und gelbe), halbiert diese und setzt sie mit der Schnittfläche nach unten auf ein Backblech. Im vorgeheizten Backrohr werden sie so lange bei höchster Hitze gebacken, bis die Haut braun wird und Blasen wirft. Nach dem Abkühlen kann die Haut nun sehr leicht abgezogen werden. Damit verringert sich aber der Vitamingehalt um durchschnittlich 30 %.

Beim Einkauf sollten die Schoten eine knackige, feste und glänzende Haut aufweisen. Im Kühlschrank hält sich unbehandelter Paprika ca. eine Woche.

Paprika enthält besonders viel Vitamin C. Dieser Gehalt nimmt auch bei der Lagerung im Kühlschrank kaum ab, da die Früchte durch eine wachsartige Substanz in der Schale geschützt sind. Rote und orangefarbige Sorten haben noch zusätzlich sehr viel ß-Carotin. Das scharf schmeckende Polyphenol Capsaicin ist zum Großteil in den Scheidewänden und den Samenkernen enthalten.

Pastinake
Pastinaca sativa

Die fleischige, gelbe Wurzel wird auch Hammel- oder Hirschmöhre genannt. Das Fleisch hat einen würzigen, süßen Geschmack und kann roh gegessen werden. Am besten ist der Geschmack nach dem ersten Frost.

Die Pastinake enthält Kalium, Magnesium, Zink, Mangan, Folsäure und sehr viele Ballaststoffe.

Pilze
Mycophyta

Pilze sind im engeren Sinne kein Gemüse. Von den vielen tausenden Pilzen sind nur wenige Speisepilze von Bedeutung.

Speisepilze sind aufgrund ihres hohen Wasseranteils und ihrer zarten Struktur stark verderbungsgefährdet. So können sich beim Zersetzen von Pilzeiweiß gesundheitsschädigende Stoffe bilden. Aus diesem Grund sollte man frische Pilze innerhalb eines Tages verkochen und auch essen. Ist dies nicht möglich, sollte man sie trocknen oder einfrieren.

Wenn man ein Pilzgericht aufwärmt, sollte man beachten, dass die Reste so schnell wie möglich abgekühlt werden (z. B. Topf in Eiswasser stellen).

Nur wenige Arten sind roh verträglich. Pilze, wie der honigfarbene Hallimasch, der Hexenröhrling und der Perlpilz, sind im rohen Zustand sogar giftig.

Vorsicht ist auch geboten beim gleichzeitigen Konsum von Pilzgerichten und Alkohol.

Manche Pilzarten (z. B. Faltentintlinge) können in Verbindung mit alkoholischen Getränken Gesundheitsstörungen hervorrufen.

Pilze haben einen hohen Ballaststoffgehalt und auch nennenswerte Mengen an Folsäure.

Pilze liegen aufgrund des Chitingehaltes schwer im Magen.

Wegen ihrer Speichermöglichkeit für Schadstoffe können sie vor allem Schwermetalle wie Cadmium enthalten. Aus diesem Grund sollte man nicht mehr als 250 g Wildpilze pro Woche konsumieren.

Rettich
Raphanus

Der Rettich gehört zu den Kreuzblütlern. Zu den vielen Rettichsorten gehören der knollenförmige schwarze Winterrettich, das milde Radieschen und der scharfe Meerrettich (Kren).

Rettich wird fast immer roh verzehrt. Beim Erhitzen verliert er seinen intensiven Rettichgeschmack und die Schärfe. Im Kühlschrank ist er bis zu einer Woche haltbar.

Rettich liefert viel Vitamin C, Kalium, Eisen und Glucosinolate. Diese sind für den scharfen Geschmack verantwortlich und haben u. a. eine krebsvorbeugende und antibiotische Wirkung.

Rettich kann Blähungen und bei magenempfindlichen Personen Sodbrennen verursachen.

Er wirkt harntreibend, aber auch verdauungsanregend.

Rote Rüben / Rote Bete
Beta vulgaris ssp. vulgaris var. conditiva

Rote Rüben zählen zum Wurzelgemüse. Sie sind ein typisches Wintergemüse. Die charakteristisch dunkelrote Farbe stammt von Anthocyanen. Dieser Farbstoff wird als Lebensmittelfarbstoff eingesetzt.
Er wird vollständig wieder ausgeschieden und färbt Harn und Stuhl rot. Er färbt aber auch Schneidebretter, Plastikgeschirr, Stoff und Haut.

Da der Farbstoff nicht hitzebeständig ist, kann er aus Stoffen sofort mit Seife oder Waschmittel und heißem Wasser ausgewaschen werden.

Rote Rüben zeichnen sich durch den hohen Anteil an Mineralstoffen wie Kalium, Magnesium, Eisen, Kupfer und Mangan aus. Weiters enthalten sie Folsäure.

Die Stiele und Blätter können wie Spinat zubereitet werden. Roh kann man die Rüben für Salate, Rohkost und Säfte verwenden.

Um Aroma und Saft zu erhalten, sollten sie erst nach dem Kochen geschält und geschnitten werden. Die Garzeit richtet sich nach der Größe der Knolle. Bei einem Gewicht von 200 g sollten sie bis zu einer Stunde gegart werden.

Salat

Zu den Blattgemüsen gehören viele verschiedene Sorten von Kopf- und Blattsalaten wie Eisbergsalat, Lollo Rosso, Ramana, Chicorée, Endivien, Feldsalat, Radicchio, Rucola.

Salate sollten so schnell wie möglich nach der Ernte verzehrt werden, da sie sehr schnell ihre Knackigkeit verlieren. Salatköpfe sollten beim Einkauf keine welken oder glanzlosen Blätter aufweisen. Endiviensalat sollte keine braunen Blattspitzen haben und beim Feldsalat und Rucola sollten keine gelblichen oder fleckigen Verfärbungen bestehen.

Salate haben je nach Art verschiedene wertvolle Inhaltsstoffe. Charakteristisch ist der hohe Gehalt an Vitamin C, Kalium, Kalzium und Eisen.

Salate speichern aber auch Nitrat. Den höchsten Gehalt findet man bei Treibhaussalaten. Nitrat findet man vor allem in den Blattrippen, die aus diesem Grund entfernt werden sollten.

Schwarzwurzel
Scorzonera hispanica

Schwarzwurzeln, auch Winterspargel genannt, gehören zu den Korbblütlern. Die Schale ist braun bis schwarz und das Innere der Wurzel ist fleischig und weich mit einem nussartigen angenehm würzigen Geschmack.

Für die Zubereitung werden die Wurzeln unter fließendem kaltem Wasser abgebürstet, geschält, in bis zu 5 cm lange Stücke geschnitten und sofort in ein mit Mehl vermischtes Essigwasser gelegt, damit sich der austretende Milchsaft nicht braun färbt. Der austretende Saft kann auch gelbliche Flecken auf der Haut hinterlassen. Diese können mit Zitronensaft sehr einfach entfernt werden.

Schwarzwurzeln sind leicht verdaulich und reich an Vitamin E, Kalium, Kalzium, Magnesium, Eisen und Kupfer.

Sellerie
Apium graveolens

Sellerie gehört zu den Doldengewächsen. Man unterscheidet Knollen-, Schnitt- und Stangensellerie. Die Knollen der Wurzelsellerie können bis zu 1 Kilogramm wiegen und eignen sich für Salate, als Gemüse und Suppengewürz. Sellerie wird Stangensellerie oder auch Bleichsellerie genannt.

Der typische Geruch stammt von ätherischen Ölen, den Terpenen, die sowohl in der Knolle als auch in Stängeln und Blättern enthalten sind. Sellerie ist reich an Vitamin C, K, Kalium, Kalzium und Mangan.

Knollensellerie ist gut lagerfähig. Im Gemüsefach des Kühlschranks hält er ca. 2 Wochen. Ältere Sorten können sich beim Blanchieren grau bis schwarz färben. Dies kann man durch das Zufügen von Essig oder Zitronensaft verhindern.

Spargel
Asparagus officinalis

Der Spargel zählt zu den Liliengewächsen. Konsumiert wird die von schuppenförmigen Schutzblättern bedeckte Sprosse. Die Haupterntezeit ist Mitte April bis Ende Juni. Durch die Anbauart unterscheidet man Weiß- und Grünspargel. Weißspargel wächst in der Erde und muss vor der Einwirkung von Sonnenlicht geschützt werden, da dieses die Chlorophyllbildung und somit eine Violett-

und anschließende Grünfärbung bewirkt. Sobald sich Risse in der Erde bemerkbar machen, müssen die Sprossen per Hand geerntet (= gestochen) werden. Grünspargel wird geerntet, wenn die Sprosse bis zu 30 cm aus der Erde ragt.

Spargel sollte beim Kauf immer fest und knackig sein. Beim verpackten Spargel sollte man auf die Enden der Stängel achten. Diese sind oft holzig und schimmelig. Im Kühlschrank ist er, in ein feuchtes Tuch oder in Plastik eingewickelt, bis zu drei Tagen haltbar.

Für die Zubereitung braucht grüner Spargel nicht oder nur wenig am unteren Ende geschält werden. Weißen Spargel sollte man immer ca. 3 cm unter dem Kopf beginnend von oben nach unten schälen.

Spargel enthält Vitamin K, Kalium, Magnesium, Eisen, Kupfer und Mangan. Der Gehalt an Vitaminen ist beim grünen Spargel höher.

Spinat
Spinacia oleracea

Der zu den Gänsefußgewächsen zählende Spinat ist seit dem Mittelalter weit verbreitet. Roh eignet er sich für Salate und Rohkost und gekocht als Beilage. Die Hauptsaison liegt zwischen März und September.

Beim Kauf sollte man auf frische, knackige und dunkelgrüne Blätter achten.

Frischer Spinat sollte maximal einen Tag im Gemüsefach des Kühlschrankes gelagert werden.

Spinat ist besonders reich an Vitamin A, C und Eisen. Er ist aber nicht das eisenreichste Gemüse, wie fälschlicherweise früher angenommen wurde. Spinat ist überhaupt keine gute Eisenquelle, da die in größeren Mengen enthaltene Oxalsäure die Eisenverwertung hemmt.

Spinat gehört zu den Gemüsesorten, die Nitrat anreichern können. Aus diesem Grund sollten Gerichte mit Spinat nicht aufgewärmt werden (siehe mögliche unerwünschte Inhaltsstoffe, Seite 14).

Süßkartoffel
Ipomoea batatas

Süßkartoffeln werden auch Batate oder weiße Kartoffeln genannt. Sie sind weder mit der Kartoffel noch mit Topinambur verwandt.

Die Knollen gibt es in verschiedenen Formen (länglich, rundlich, walzen- oder spindelförmig) und Farben (purpurrot, bräunlich, gelblich bis weißlich). Der Geschmack ist süßlich, kastanienartig. Charakteristisch ist der hohe Gehalt an Stärke und Zucker.

Tamarillo
Cyphomandra betacea

Tamarillos werden auch Baumtomaten genannt. Sie stammen aus den südamerikanischen Anden und sind in Form und Aussehen den Tomaten ähnlich. Auch sie gehören zur Familie der Nachtschattengewächse. Der Geschmack ist aber etwas bitter-süßlich.

Das Fruchtfleisch ist fest und saftig und die Farbe kann gelb bis dunkelrot sein. Die Schale enthält Bitterstoffe, die man nur durch das Schälen entfernen kann.

Tamarillos enthalten viel Vitamin C und β-Carotin.

Tomaten/Paradeiser
Lycopersicon esculentum

Tomaten gehören zu den Nachtschattengewächsen (Solanaceaen). Die rote oder gelbe Frucht ist zwar botanisch eine Beere, zählt aber aufgrund ihrer Verwendung nicht zum Obst, sondern zum Gemüse.

Sie werden ganzjährig angeboten. Im Freilandanbau ist die Ernte von August bis September. Es gibt über 1.000 Sorten.

Man unterscheidet runde Tomaten, Rispentomaten, Eier- oder Flaschentomaten, Fleischtomaten und Kirsch-, Cherry- oder Cocktailtomaten.

Grün geerntete Früchte können bei Raumtemperatur nachreifen, sind aber meist wässriger und schmecken nicht so gut. Die Nachreifung kann durch eine gemeinsame Lagerung mit Äpfeln und Orangen, die Äthylen produzieren, beschleunigt werden.

Sie sind kälteempfindlich und sollten bei Zimmertemperatur gelagert werden. Im Kühlschrank werden sie hart und verlieren an Aroma.

Unreife, grüne Früchte enthalten Solanin, das in größeren Mengen giftig ist.

Tomaten sind Vitamin-C-reich und enthalten große Mengen an roten Pflanzenfarbstoffen (Lycopin), die aus gekochten Produkten leichter für den Organismus aufnehmbar sind.

100 Gramm rohe Tomaten decken bereits ca. 1/4 der täglich empfohlenen Zufuhr von Vitamin C.

Topinambur
Helianthus tuberosus

Bei der so genannten Erdartischocke oder Erdbirne handelt es sich um einen Korbblütler. Bekannt ist sie auch als „Diabetikerkartoffel".

Topinambur wird wie die Kartoffel zubereitet. Im Geschmack ähnelt sie der Artischocke, sie schmeckt süßlich und nussig. Die Schale ist essbar, kann aber bei empfindlichen Personen Blähungen verursachen.

Topinambur hat einen hohen Inulinanteil (bis 16 %). Dabei handelt es sich um einen Ballaststoff, der sich besonders günstig auf den Blutzucker- und Cholesterinspiegel auswirkt.

Weiters enthält Topinambur viel Kalium, Eisen, Kupfer, Magnesium und Vitamin B_1.

Im Gegensatz zu den Kartoffeln ist Topinambur nicht so lagerfähig.

Am besten haltbar sind die Knollen, in feuchte Tücher gehüllt, im Kühlschrank. Plastikbeutel fördern hingegen die Schimmelbildung.

Zucchini
Cucurbita pepo convar. giromontiina

Zucchini ist die Verkleinerungsform des italienischen „Zucca" (= Kürbis) und bedeutet „Kleinkübis". Charakteristisch ist die gurkenähnliche Form. Die Schale ist hell- bis dunkelgrün, gelb oder auch cremeweiß.

Das Fruchtfleisch ist weiß bis hellgrün mit hellen, weichen, essbaren Kernen. Rohe Zucchini schmecken oft leicht nussig, gekocht sind sie aber geschmacksneutral. Große Exemplare sind oft schwammig.

Zucchini sind leicht verdaulich und gut bekömmlich. Sie enthalten Kalzium, Phosphor, Eisen, ß-Carotin und Vitamin C.

Sie sind im Gemüsefach des Kühlschrankes bis zu 3 Wochen haltbar. Man sollte sie aber nicht mit Tomaten und Obst gemeinsam lagern, da diese Äthylen produzieren und das wiederum Zucchini weich und fleckig werden lässt.

Nur ältere Früchte sollten für die Zubereitung geschält werden.

Zuckererbsen
Pisum sativum ssp. sativum convar. axiphium

Die Zuckererbse gehört zu der Familie der Leguminosen. Es handelt sich dabei um junge, unreif geerntete Erbsen, bei denen die ungenießbare Pergamentschicht an der Innenseite der Hülse noch nicht entwickelt ist. Die Hülse ist voll genießbar. Wie der Name besagt, haben sie einen höheren Zuckeranteil als andere Sorten.

Wie alle Erbsen haben auch Zuckererbsen einen hohen Anteil an biologisch hochwertigem Eiweiß.

Zwiebel
Allium cepa

Zwiebeln zählen zur Familie der Liliengewächse, zu denen auch Lauch, Frühlingszwiebeln, Knoblauch und Schalotten zählen. Die kleinste Form sind die Silberzwiebeln.

Die wichtigsten Inhaltsstoffe sind schwefelhaltige Stoffe (Sulfide), die für den typischen Zwiebelgeschmack und -geruch verantwortlich sind. Weiters enthalten sie Vitamin C, Kalium, Zink und Mangan. Der Verzehr von rohen Zwiebeln kann bei empfindlichen Personen zu Blähungen führen.

Zwiebeln und Schalotten sind an trockenen, kühlen Orten (Keller) einige Monate haltbar. Durch das Tiefkühlen werden sie matschig.

Der richtige Umgang mit Gemüse

Einkauf

Frisches Gemüse erkennt man an der festen Form, der kräftigen Farbe. Es hat keine Druckstellen, natürlich auch keine matschigen Stellen und keine welke Haut. Frisches Gemüse sollte immer nach dem saisonellen Angebot gekauft werden, da damit der Gehalt an wichtigen Inhaltsstoffen am höchsten ist.

Beim Kauf von Tiefkühlgemüse sollte darauf geachtet werden, dass die Tiefkühlkette eingehalten wird. Ware aus stark vereisten oder verschmutzen Truhen sollte man besser nicht nehmen, genauso wie bereits beschädigte Packungen oder Packungen mit Kristallbildung. Die Tiefkühlkost sollte erst unmittelbar vor dem Bezahlen aus der Truhe geholt und in einer Kühl- oder Isoliertasche nach Hause transportiert werden.

Richtige Lagerung

Gemüse sollte immer kühl und trocken gelagert werden. Ideal sind entsprechende Vorratskeller. Diese sind das ganze Jahr über kühl und etwas feuchter als der Rest des Hauses. Heute sind Keller aber trocken und warm und eignen sich kaum mehr als Aufbewahrungsort für Gemüse und Obst.

Außer für Tomaten, Auberginen und Kartoffeln ist der wichtigste Lagerort der Kühlschrank. Der richtige Platz ist hier das Gemüsefach. Aber Vorsicht: Obst (z. B. Äpfel, Orangen und Tomaten) produziert während der Lagerung Äthylen und das lässt Brokkoli, Karfiol und Zucchini weich werden. Also immer getrennt aufbewahren.

Tomaten, Auberginen und Kartoffeln gehören nicht in den Kühlschrank!

Rohes Gemüse ist im Kühlschrank 2 bis 8 Tage, Blattgemüse und gekochtes Gemüse bis zu 3 Tagen haltbar.

Kartoffeln sollten am besten bei Temperaturen zwischen 3 und 6 °C in trockenen, dunklen und gut belüfteten Räumen lose gelagert werden. Höhere Temperaturen und Lichteinwirkung führen dazu, dass sie keimen, Aroma verlieren, schrumpfen und verstärkt Solanin bilden. Niedrigere Temperaturen führen hingegen zum Abbau von Stärke zu Zucker. Damit werden sie süß. Zum Einfrieren eignen sich nur vorgegarte Kartoffelprodukte (z. B. Bratkartoffeln, Kroketten, Kartoffelknödel).

Tiefkühlgemüse ist zwischen 3 und 12 Monaten haltbar. Bei gekaufter Ware wird dies genau auf der Packung angegeben.

Saison-Kalender Gemüse

Gemüse	JÄN.	FEB.	MÄRZ	APRIL	MAI	JUNI	JULI	AUG.	SEPT.	OKT.	NOV.	DEZ.
Artischocke								frisch	frisch	frisch		
Aubergine (Melanzani)							frisch	frisch	frisch	frisch		
Avocado	frisch	frisch	frisch	frisch	frisch	frisch	frisch	frisch	frisch	frisch	frisch	frisch
Blumenkohl (Karfiol)						frisch	frisch	frisch	frisch	frisch		
Bohnen, grüne (Fisolen)						frisch	frisch	frisch	frisch			
Brokkoli						frisch	frisch	frisch	frisch	frisch		
Erbsen						frisch	frisch	frisch				
Fenchel/Gemüsefenchel	frisch	frisch	frisch	frisch	frisch	frisch	frisch	frisch	frisch	frisch	frisch	frisch
Gurke						frisch	frisch	frisch	frisch			
Karotte/Möhre	Lager	Lager	Lager	Lager	Lager	frisch	frisch	frisch	frisch	Lager	Lager	Lager
Kartoffel (Erdapfel)	Lager	Lager	Lager	Lager	Lager	frisch	frisch	frisch	frisch	Lager	Lager	Lager
Kohl (Wirsing)					frisch	frisch	frisch	frisch	frisch	frisch	frisch	frisch
Kohlrabi				frisch	frisch	frisch	frisch	frisch	frisch	frisch		
Kohlsprossen (Rosenkohl)	frisch	frisch									frisch	frisch
Kürbis	Lager	Lager	Lager					frisch	frisch	Lager	Lager	Lager
Lauch (Porree)	frisch	Lager	Lager	Lager	Lager	frisch	frisch	frisch	frisch	frisch	frisch	frisch
Mangold					frisch	frisch	frisch	frisch	frisch	frisch	frisch	
Maniok	frisch	frisch	frisch	frisch	frisch	frisch	frisch	frisch	frisch	frisch	frisch	frisch
Paprika						frisch	frisch	frisch	frisch	frisch		
Pastinake	Lager	Lager	Lager	Lager					frisch	frisch	Lager	Lager
Petersilienwurzel	Lager	Lager	Lager	Lager	Lager				frisch	frisch	Lager	Lager
Pfefferoni						frisch	frisch	frisch	frisch	frisch		
Radieschen			frisch	frisch	frisch	frisch	frisch	frisch	frisch	frisch		
Rettich								frisch	frisch	frisch		
Rote Rübe (Rote Bete)	Lager	Lager	Lager	Lager	Lager	frisch	frisch	frisch	frisch	frisch	Lager	Lager
Rotkraut	Lager	Lager							frisch	frisch	frisch	Lager
Schwarzwurzel	Lager	Lager							frisch	frisch	frisch	Lager
Sellerie	Lager	Lager	Lager	Lager	Lager		frisch	frisch	frisch	frisch	Lager	Lager
Spargel					frisch	frisch						
Spinat				frisch	frisch	frisch	frisch	frisch	frisch	frisch		
Tomaten (Paradeiser)						frisch	frisch	frisch	frisch	frisch		
Topinambur	Lager								frisch	Lager	Lager	Lager
Weißkraut	Lager	Lager							frisch	frisch	frisch	Lager
Zucchini						frisch	frisch	frisch	frisch	frisch	frisch	
Zwiebel	Lager	Lager	Lager	frisch	frisch	frisch	frisch	frisch	frisch	Lager	Lager	Lager
SALAT Häuptlsalat (Kopf-)				frisch	frisch	frisch	frisch	frisch	frisch	frisch		
Chinakohl	Lager	Lager	Lager							frisch	frisch	Lager
Eichblatt					frisch	frisch	frisch	frisch	frisch	frisch	frisch	
Eissalat (Bummerl)					frisch	frisch	frisch	frisch	frisch	frisch	frisch	
Endivie									frisch	frisch	Lager	Lager
Friséesalat				frisch	frisch	frisch	frisch	frisch	frisch	frisch	frisch	
Lollo Rosso					frisch	frisch	frisch	frisch	frisch	frisch		
Vogerlsalat (Feld-)	frisch	frisch	frisch									frisch

Tipps für die Gemüseküche

Um den Nährstoffverlust von Gemüse so gering wie möglich zu halten, sollten bei der Verarbeitung einige Regeln eingehalten werden:

- Gründlich aber kurz waschen! Gemüse immer unzerkleinert unter fließendem Wasser waschen, dadurch wird es weniger ausgelaugt und Vitamine und Mineralstoffe bleiben länger erhalten.

- Nie im Wasser liegen lassen (z. B. Salat)! Damit verhindert man das Auslaugen der wichtigen Nährstoffe.

- Immer mit kaltem Wasser waschen! Warmes Wasser laugt stärker aus und die Löslichkeit vieler Vitamine steigt mit der Temperatur.

- Erst kurz vor der Zubereitung oder dem Servieren (Petersilie, Schnittlauch) zerkleinern! Durch die Zerkleinerung wird die Oberfläche vergrößert, sodass der Luftsauerstoff und das UV-Licht stärker einwirken können und wiederum wichtige Inhaltsstoffe zerstört werden.

- Zerkleinertes Gemüse immer abdecken! Damit verhindert man auch die Einwirkung des Sauerstoffs und des UV-Lichtes.

- Nur in wenig Wasser immer kurz garen! Damit wird die Wärmeeinwirkung verkürzt und Nährstoffe werden geschont.

- Kochwasser mitverwenden! Im Kochwasser befinden sich auch Vitamine und Mineralstoffe. Ausnahme: bei oxalreichen Lebensmitteln wie Spinat.

- Gemüsegericht nicht lange warm halten! Durch langes Warmhalten werden unnötig wichtige Stoffe zerstört. Außerdem ändern sich dadurch auch das Aussehen, die Beschaffenheit und der Geschmack sehr stark.

Haltbarmachung von Gemüse

Rohes Gemüse ist im Haushalt nur begrenzt einige Tage lagerfähig. Durch Konservierungsmethoden, wie Tiefgefrieren, Säuern oder auch Trocknen steht es für längere Zeit, unabhängig vom jahreszeitlichen Angebot, für die Ernährung zur Verfügung. Sämtliche Verfahren haben das Ziel, dass Mikroorganismen und lebensmitteleigene Enzyme an ihrer Vermehrung und Aktivität gehindert werden. Der Alterungsprozess wird dadurch gehemmt, aber nicht vollständig unterbunden.

Tiefgefrieren

Tiefgefrieren stellt ein optimales Verfahren zum Haltbarmachen dar. Die Lagerzeit erhöht sich dadurch auf bis zu 18 Monate. Tiefkühlgemüse ist das ganze Jahr über, unabhängig von der Saison, in gleich bleibend guter Qualität erhältlich.

Im Haushalt empfiehlt es sich, das Gemüse portionsweise einzufrieren. Um die zerstörende Wirkung von Enzymen weitgehend auszuschalten, sollte das Gefriergut blanchiert (= Überbrühen mit heißem Wasser) werden, ausgenommen sind Porree, Küchenkräuter, Paprika, Tomaten, Chinakohl, Stangensellerie und Zucchini.

Anschließend wird es luftdicht verpackt und schockgefrostet. Dies geschieht bei Temperaturen zwischen -30 und -45 °C. Dabei bilden sich im Zellinneren nur winzige Kristalle, die die Zellwände nicht zerstören. Somit bleiben auch nach dem Auftauen die Konsistenz und der Geschmack gut erhalten. Die endgültige Lagertemperatur liegt dann bei -18 °C.
Bei ungenügender Verpackung können Lebensmittel austrocknen und sich verfärben (= Gefrierbrand). Die Lebensmittel werden zäh und trocken. Besonders anfällig sind Fleisch und Geflügel.

Industriell gefertigte Tiefkühlkost wird nach der Ernte sofort verarbeitet. Vitaminanalysen haben gezeigt, dass der Verlust im Vergleich zur Frischware sehr gering ist.

Am besten verarbeitet man Tiefkühlgemüse unangetaut weiter.

Trocknen

Das Trocknen von Lebensmitteln gehört zu den ältesten Haltbarmachungsmethoden. Durch Hitzeeinwirkung wird dem Lebensmittel Wasser entzogen. Dies verhindert bzw. verzögert den Verderbungsprozess, da Mikroorganismen zum Wachstum mehr Feuchtigkeit benötigen. Auch Enzyme brauchen mindestens 50 % Flüssigkeit um wirken zu können. Fehlt diese, können auch sie gehemmt werden.

Der Vitamingehalt nimmt aber deutlich ab. Erhalten bleiben jedoch Ballast- und Mineralstoffe.

Gemüse muss im Vergleich zu Obst länger und bei höheren Temperaturen getrocknet werden. Angaben über eine genaue Trocknungszeit sind nicht möglich, da dies von der Größe und Dicke des zu trocknenden Gutes, aber auch vom Wassergehalt, von der Temperatur und der Luftfeuchtigkeit abhängt. Als Faustregel gilt: die Trocknungszeit ist beendet, wenn blättrig geschnittenes Gemüse knusprig ist, Bohnen und Mais hart sind und das Gemüse leicht biegbar ist, ohne zu brechen. Beim Zerschneiden darf sich an der Schnittkante kein Wassertropfen mehr bilden. Je langsamer und schonender getrocknet wird, desto besser.

Wenn man selbst trocknet, sollte man das zu trocknende Gut gegebenenfalls schälen und zerkleinern. Aufgefädelt wird es dann auf dem Balkon oder auf dem Dachboden, durch Fliegengaze geschützt, zum Trocknen aufgehängt. Man kann aber auch den Backofen zum Trocknen verwenden. Hier werden die geschnittenen Lebensmittel auf einem Blech ausgebreitet und nur bei leichter Hitze (bis 60 °C) für mehrere Stunden getrocknet.

Gärung

Diese sehr alte Konservierungsart eignet sich besonders für die Herstellung von Sauerkraut, das als wertvoller Vitamin-C-Lieferant während der Wintermonate sehr geschätzt wird.

Durch Milchsäurebakterien werden Kohlenhydrate in Milchsäure umgewandelt. Diese hemmt dann Mikroorganismen, die für den Verderb von Lebensmitteln verantwortlich sind.

Rezepte

Suppen · Vorspeisen

Alle Rezeptangaben beziehen sich – falls nicht anders angegeben – auf 4 Portionen.

Abkürzungen:

EL	= Esslöffel	Msp.	= Messerspitze
TL	= Teelöffel	ml	= Milliliter
l	= Liter	TK	= Tiefkühl-Produkt
g	= Gramm	Stk.	= Stück
Pkg.	= Packung		

Gurken-Jogurt-Suppe

1 Gurke
2 1/2 Becher Jogurt
1 Knoblauchzehe
2 TL frische Minze
Pfeffer

Gurke mit der Schale würfelig schneiden. Jogurt, Knoblauch und zwei Drittel der Gurkenwürfel mit einem Stabmixer pürieren. Pfeffern, gehackte Minze und restliche Gurkenwürfel untermengen. Ca. 1 Stunde im Kühlschrank kühl stellen.

Nährwerte pro Portion:	
Energie	124 kcal / 521 KJ
Eiweiß	7,1 g
Fett	5,9 g
Kohlenhydrate	9,7 g
Ballaststoffe	0,6 g
Zucker	0,1 g

Sauerkraut-Apfel-Rohkost

4 große Äpfel
200 g Sauerkraut
1 EL Balsamico-Essig

3 Äpfel schälen, Kerngehäuse entfernen und raspeln. Beim vierten Apfel Kerngehäuse entfernen und in kleine Stücke schneiden. Äpfel mit dem Sauerkraut vermischen und Essig beimengen.

Nährwerte pro Portion:	
Energie	74 kcal / 309 KJ
Eiweiß	1,2 g
Fett	0,7 g
Kohlenhydrate	14,7 g
Ballaststoffe	4,3 g
Zucker	3,3 g

Gemüsesulz

15 Scheiben

1 kleine Sellerieknolle
1 Kohlrabi
250 g Karotten
200 g Erbsen
1 kleine Karfiolrose
3/4 l Gemüsebrühe
Schnittlauch
3 TL Agar-Agar

Kohlrabi, Karotten und Sellerie in kleine Streifen schneiden, Karfiol in kleine Röschen teilen. Gemüse in der Gemüsebrühe kurz kernig kochen. Suppe abseihen und nochmals aufkochen lassen. Gemüse und geschnittenen Schnittlauch in eine Kastenform legen. Agar-Agar in kaltem Wasser auflösen und in die kochende Suppe einrühren, aufkochen lassen und über das Gemüse gießen. Im Kühlschrank mind. 3 Stunden auskühlen lassen.

Nährwerte pro Scheibe:	
Energie	25 kcal / 106 KJ
Eiweiß	2,1 g
Fett	0,2 g
Kohlenhydrate	3,6 g
Ballaststoffe	2,1 g
Zucker	1,2 g

Zucchini-Buttermilch-Sülzchen

300 g Zucchini
1 EL Öl
400 ml Buttermilch
6 Blatt Gelatine
Salz, Pfeffer, etwas Zitronensaft

Zucchini fein raspeln und in heißem Öl kurz dünsten lassen. Gelatine 5 Minuten in kaltem Wasser einweichen. Zucchini mit Mixstab pürieren, würzen und mit der Buttermilch vermischen. Gelatine ausdrücken und in etwas heißem Wasser auflösen. Unter die Buttermilch-Zucchini-Masse rühren. 4 kleine Formen mit kaltem Wasser ausspülen und die Masse einfüllen. Im Kühlschrank 3 Stunden fest werden lassen. Vor dem Servieren Formen kurz in heißes Wasser halten und die Sülzchen auf vier Teller stürzen.

Nährwerte pro Portion:	
Energie	86 kcal / 360 KJ
Eiweiß	6,6 g
Fett	3,8 g
Kohlenhydrate	5,5 g
Ballaststoffe	0,8 g
Zucker	0,2 g

Hauptspeisen

vegetarisch

Bulgur-Paprika-Salat

200 g Bulgur
Salz, Pfeffer
1 gelber Paprika
1 roter Paprika
1 grüner Paprika
180 g Zuckermais aus der Dose
1/2 Zwiebel
1 EL Olivenöl
Balsamico-Essig
1 kleiner Kopf Radicchio (ca. 160 g)

Bulgur in 1/2 l kochendes Salzwasser geben und bei schwacher Hitze ca. 10 – 15 Minuten köcheln lassen. Abseihen und auskühlen lassen. Paprika waschen und in Streifen schneiden. Zwiebel grob hacken. Gemüse unter den Bulgur geben und würzen. Mit Essig und Öl abschmecken. Radicchio-Blätter waschen, auf Teller legen und den Bulgur-Salat auf den Salatblättern anrichten.

Nährwerte pro Portion:	
Energie	252 kcal / 1.054 KJ
Eiweiß	7,5 g
Fett	3,9 g
Kohlenhydrate	45,5 g
Ballaststoffe	10,9 g
Zucker	0,9 g

Gemüse-Schafkäse-Gratin

1.000 g Zucchini
1 Gemüsezwiebel
600 g Fleischtomaten
3 EL Olivenöl
Salz, Pfeffer
Basilikum, Rosmarin
200 g Schafkäse

Zucchini waschen und längs in feine Scheiben schneiden. Zwiebel schälen, vierteln und in Spalten scheiden. Tomaten kurz im heißen Wasser blanchieren, häuten und in kleine Stücke schneiden.

Zucchini in Olivenöl anbraten, salzen und in eine beschichtete Auflaufform legen. Zwiebel und gehackte Kräuter im selben Öl glasig dünsten lassen. Tomaten dazugeben, mit Salz und Pfeffer würzen und über die Zucchinischeiben schichten. Schafkäse in Streifen schneiden und das Gemüse damit belegen. Im Rohr bei 180 °C 20 Minuten überbacken.

Nährwerte pro Portion:	
Energie	263 kcal / 1.101 KJ
Eiweiß	14,1 g
Fett	18,2 g
Kohlenhydrate	9,9 g
Ballaststoffe	4,5 g
Zucker	1,1 g

Gefüllte Tomaten

100 g Haferkleie
200 ml Wasser
4 große Fleischtomaten
100 g Frühlingszwiebeln
Salz, Pfeffer
1/2 Bund Petersilie
Minze
20 g fettreduzierter Frischkäse
2 EL Zitronensaft

Haferkleie 15 Minuten in Wasser quellen lassen. Tomaten waschen, Deckel abschneiden und aushöhlen.

Fruchtfleisch in kleine Würfel schneiden. Zwiebeln schälen und fein hacken. Kräuter waschen und hacken. Haferkleie mit Tomaten, Zwiebeln, Kräutern und Frischkäse vermischen, mit Salz, Pfeffer und Zitronensaft abschmecken und in die Tomaten füllen. Deckel aufsetzen und im Kühlschrank noch mind. 20 Minuten durchziehen lassen.

Nährwerte pro Portion:	
Energie	84 kcal / 351 KJ
Eiweiß	6,3 g
Fett	1,6 g
Kohlenhydrate	10,4 g
Ballaststoffe	13,2 g
Zucker	1,6 g

Penne mit Rucolasoße

2 Zwiebeln
2 EL Öl
500 g Rucola
1 Dose geschälte Tomaten (500 g)
3 EL Weinessig
2 EL Weißwein
Salz, Pfeffer, Knoblauch
400 g Penne
30 g Parmesan

Zwiebeln schälen, fein hacken und in Öl glasig dünsten. Rucola waschen und ganz grob zerkleinern. Tomaten zu den Zwiebeln geben und mit Essig, Wein und den Gewürzen abschmecken. Rucola beimengen und noch kurz ziehen lassen.

Penne bissfest kochen, abseihen, mit der Rucolasoße übergießen und mit geriebenem Parmesan bestreuen.

Nährwerte pro Portion:	
Energie	475 kcal / 1.989 KJ
Eiweiß	18,2 g
Fett	11,1 g
Kohlenhydrate	73,0 g
Ballaststoffe	8,6 g
Zucker	1,0 g

Mangold-Risotto

400 g Mangold
2 kleine Frühlingszwiebeln
Salz, Pfeffer · 1 Knoblauchzehe
2 EL Olivenöl
300 g Risottoreis
1/8 l trockener Weißwein
700 ml Gemüsebrühe
50 g geriebener Parmesan
20 g Butter

Mangold waschen, abtropfen lassen, Stiele entfernen, klein hacken und in Salzwasser 1 Minute blanchieren, abtropfen lassen. Ca. 50 g Mangold fein pürieren. Zwiebeln und Knoblauch fein hacken und in Olivenöl anrösten. Reis hinzufügen und glasig andünsten lassen. Mit Weißwein aufgießen und nach und nach die Gemüsebrühe in kleinen Mengen zugießen. Unter Rühren ca. 20 Minuten offen köcheln lassen.

Mangoldpüree unterrühren, mit Salz und Pfeffer abschmecken. 2 EL Parmesan, Butterflocken und restlichen Mangold unterheben. Mit dem restlichen Parmesan bestreuen.

Nährwerte pro Portion:	
Energie	297 kcal / 1.242 KJ
Eiweiß	8,4 g
Fett	16,1 g
Kohlenhydrate	24,1 g
Ballaststoffe	3,3 g
Zucker	0,5 g

Roter Linsentopf mit Kartoffeln

1 Stange Lauch
1 Zucchini
2 Karotten
3/4 l Gemüsebrühe
250 g rote Linsen
Salz, Pfeffer
Muskat
Petersilie
50 g Parmesan
1 Kartoffel
450 g Kartoffeln

Lauch in Ringe, Zucchini und Karotten in Scheiben schneiden. Gemüsebrühe aufkochen lassen, rote Linsen beimengen und ca. 10 Minuten köcheln lassen. Geschnittenes Gemüse beimengen und nochmals ca. 5 Minuten weiterdünsten lassen, würzen. Zum Binden eine rohe Kartoffel schälen, reiben und zum Gemüse geben. Mit der gehackten Petersilie und dem geriebenen Parmesan bestreuen und gemeinsam mit den in der Schale gekochten, geschälten und geviertelten Kartoffeln servieren.

Nährwerte pro Portion:	
Energie	360 kcal / 1.501 KJ
Eiweiß	22,7 g
Fett	5,7 g
Kohlenhydrate	52,3 g
Ballaststoffe	11,7 g
Zucker	2,8 g

Polentanocken auf Tomatengemüse

Nocken:
250 ml Gemüsebrühe
30 g Butter
125 g Polentagrieß (Mais-)
80 g Bergkäse
2 Eier
Salz
Muskatnuss

Tomatengemüse:
600 g Tomaten
2 Stangen Lauch
1 Knoblauchzehe
1 EL Olivenöl
Salz
Basilikum, Oregano
2 EL geriebener Parmesan

Für die Nocken Gemüsebrühe und Butter aufkochen lassen. Grieß einrieseln lassen, umrühren und auskühlen lassen. Geriebenen Käse und Eier einrühren, würzen und aus dem Teig 12 Nocken formen.
Diese eine 1/2 Stunde rasten lassen und anschließend in siedendem Salzwasser ca. 10 Minuten ziehen lassen.

Für das Gemüse die Tomaten kreuzweise einschneiden und kurz ins kochende Wasser legen, damit sich die Haut abziehen lässt. Die geschälten Tomaten vierteln. Lauch in Streifen schneiden und Knoblauch klein hacken. Öl in einer Pfanne erhitzen, Lauch und Knoblauch anrösten. Tomaten und Gemüse beimengen, würzen und kurz durchdünsten lassen. Mit Parmesan bestreuen. Gemüse auf einen Teller geben und die Nocken draufsetzen. Sofort servieren.

Nährwerte pro Portion:

Energie	360 kcal / 1.509 KJ
Eiweiß	15,7 g
Fett	19,9 g
Kohlenhydrate	29,0 g
Ballaststoffe	4,1 g
Zucker	0,9 g

Fenchel mit Grünkernfüllung

4 Fenchelknollen
Salz
125 g Grünkern, grob geschrotet
1 Zwiebel
1 EL Öl
1/4 l Gemüsesuppe
100 g Pilze (Champignons)
Zitronensaft
Salz, Pfeffer, Muskat
Petersilie, Kerbel
2 Eier
100 g geriebener Bierkäse
20 g Semmelbrösel

Fenchel putzen, waschen, halbieren und in Salzwasser bissfest kochen, abseihen und abtropfen lassen. Gehackte Zwiebel und Grünkernschrot in Öl kurz andünsten, mit der Gemüsesuppe aufgießen, kurz aufkochen lassen und ca. 30 Minuten quellen lassen.

Pilze putzen, klein schneiden und mit Zitronensaft beträufeln. Ca. 5 Minuten vor Ende der Quellzeit unter die Grünkernmasse mischen und mit den Gewürzen abschmecken. Etwas abkühlen lassen und Kräuter, zwei Drittel des geriebenen Käses und Eier unter die Masse heben und mit den Semmelbröseln binden.

Fenchelhälften in eine beschichtete Auflaufform geben und Grünkernmasse darauf verteilen. Mit dem restlichen Käse bestreuen. Im Backofen bei 190 °C (Heißluft 170 °C) ca. 15 bis 20 Minuten überbacken.

Nährwerte pro Portion:	
Energie	272 kcal / 1.136 KJ
Eiweiß	18,2 g
Fett	9,3 g
Kohlenhydrate	28,0 g
Ballaststoffe	8,5 g
Zucker	1,2 g

Gefüllte Zwiebeln mit Karottensoße

4 große Zwiebeln
70 g Bulgur
1 Zucchini
2 EL Olivenöl
350 g passierte Tomaten
20 g Butter
Salz, Pfeffer

Soße:
2 Karotten
1 Prise Zucker
1 EL Mehl
100 g Bierkäse

Bulgur in 150 ml Wasser aufkochen lassen und bei schwacher Hitze 15 Minuten ziehen lassen. Zwiebeln schälen, den Stielansatz als Deckel abschneiden und das Zwiebelinnere herauslösen, so dass nur ca. 2 dicke Außenhäute übrig bleiben.

Zwiebelfleisch fein hacken, Zucchini würfeln, gemeinsam mit etwas Öl anrösten und mit 2/3 der passierten Tomaten bei stärkerer Hitze dickflüssig einkochen lassen. Gekochten Bulgur dazufügen und würzen.

Ausgehöhlte Zwiebeln 3 Minuten in kochendem Salzwasser blanchieren. Mit einem Schaumlöffel herausnehmen und mit der Öffnung nach unten auf ein Küchentuch zum Austropfen legen. In eine feuerfeste Form setzen, mit der Gemüse-Bulgur-Mischung füllen und mit Butterflocken belegen. Im Backofen bei 180 °C 20 Minuten backen.

Zwischenzeitlich die Karotten würfeln und im restlichen Öl anrösten. Zucker und Mehl unter Rühren einstreuen und kurz anbraten lassen. Die restlichen passierten Tomaten dazugeben und 15 Minuten bei leichter Hitze garen lassen. Über die Zwiebeln gießen und mit geriebenem Käse bestreuen und nochmals 10 bis 15 Minuten backen, bis eine goldbraune Kruste entsteht.

Nährwerte pro Portion:	
Energie	245 kcal / 1.027 KJ
Eiweiß	11,1 g
Fett	11,9 g
Kohlenhydrate	22,8 g
Ballaststoffe	5,7 g
Zucker	2,5 g

Topfenlaibchen im Gemüsebett

Laibchen:
2 Eier
400 g Magertopfen (-quark)
120 g glattes Mehl
4 Msp. Backpulver
Salz
3 EL Olivenöl

Gemüse:
400 g Zucchini
200 g Karotten
200 g Zuckerschoten
1 roter Paprika

Soße zum Garnieren:
100 g Magertopfen (-quark)
30 ml Mineralwasser
1 Bund Schnittlauch
Salz, Pfeffer, etwas scharfen Paprika

Gemüse waschen und in große Stücke schneiden. In einer beschichteten Pfanne mit 1 EL Öl 5 – 6 Minuten anbraten lassen. Dabei öfter umrühren.

Für die Laibchen Eier und Magertopfen verrühren, salzen, Mehl und Backpulver unterheben. Laibchen formen und in einer zweiten Pfanne im restlichen Olivenöl auf beiden Seiten goldgelb anbraten.

Für die Soße Magertopfen mit dem Mineralwasser verrühren. Schnittlauch waschen und klein schneiden. Unter den Topfen heben und würzen.

Gemüse auf Teller anrichten. Topfenlaibchen darauf setzen und mit dem Schnittlauchtopfen garnieren.

Nährwerte pro Portion:	
Energie	390 kcal / 1.636 KJ
Eiweiß	27,6 g
Fett	12,3 g
Kohlenhydrate	40,5 g
Ballaststoffe	9,2 g
Zucker	3,3 g

Zucchini-Käse-Kuchen

700 g Zucchini
50 g Karotten
250 g Magertopfen (-quark)
50 ml Milch
3 Eier
40 g Vollkornmehl
1/2 TL Backpulver
125 g magerer Schnittkäse (30 % F. i. T.)
Salz, Pfeffer, Muskat

Käse kurz ins Tiefkühlfach geben, damit er sich besser reiben lässt.

Zucchini und Karotten waschen und mit einer Reibe grob raspeln. Den Backofen auf 180 °C vorheizen. Magertopfen, Milch, Eier, Mehl und Backpulver in einer Schüssel gut verrühren. Zerkleinertes Gemüse gemeinsam mit dem geriebenen Käse unterheben und würzen. Masse in eine beschichtete Auflaufform einfüllen, glatt streichen und ca. 45 Minuten backen.

Nährwerte pro Portion:	
Energie	271 kcal / 1.135 KJ
Eiweiß	26,6 g
Fett	11,6 g
Kohlenhydrate	13,9 g
Ballaststoffe	3,4 g
Zucker	0,8 g

Kartoffel-Lauch-Rolle

700 g mehlige Kartoffeln
1 Ei · 100 g Mehl
Salz, Muskat · 2 Zwiebeln
1 EL Olivenöl
500 g Lauch · 100 g Bierkäse

Kartoffeln waschen, kochen, schälen und durch die Kartoffelpresse drücken. Gemeinsam mit dem Ei, Mehl und den Gewürzen zu einer kompakten Masse kneten. Den Teig auf einer bemehlten Arbeitsfläche ausrollen.

Lauch waschen und in Streifen schneiden, Zwiebeln hacken und in Öl glasig andünsten. Lauch beimengen und kurz mitdünsten lassen. Würzen. Den geriebenen Käse unter die Lauchmischung geben und auf dem Kartoffelteil verteilen. Teig zusammenklappen, Ränder gut andrücken und auf ein mit Backpapier belegtes Blech setzen. Im vorgeheizten Backofen bei 180 °C 30 bis 40 Minuten backen.

Nährwerte pro Portion:	
Energie	340 kcal / 1.427 KJ
Eiweiß	17,9 g
Fett	7,1 g
Kohlenhydrate	49,4 g
Ballaststoffe	8,3 g
Zucker	1,6 g

Tofu-Brokkoli-Pfanne

1.000 g Brokkoli
300 g rote Zwiebeln
500 g geschälte Tomaten (Dose)
500 g Tofu
2 EL Olivenöl
4 El Sojasoße
Pfeffer
etwas gehacktes Basilikum

Den gewaschenen Brokkoli in kleine Röschen teilen, geschälte Zwiebeln in Ringe schneiden und Tofu und geschälte Tomaten würfelig schneiden.

Das Olivenöl in der Pfanne erhitzen, Tofu anbraten und aus der Pfanne nehmen. Brokkoli und Zwiebeln im heißen Öl unter Rühren anbraten. Kurz durchdünsten lassen. Tofu wieder beimengen und die Tomatenwürfel unterrühren. Mit der Sojasoße ablöschen und nochmals kurz durchdünsten lassen. Mit Pfeffer abschmecken und mit Basilikum garnieren.

Nährwerte pro Portion:	
Energie	272 kcal / 1.137 KJ
Eiweiß	24,3 g
Fett	13,0 g
Kohlenhydrate	13,4 g
Ballaststoffe	10,9 g
Zucker	3,6 g

Gemüse-Wok mit Basmatireis

200 g Basmatireis
4 Karotten · 1 Bund Lauch
400 g frische Sojasprossen
100 g Zuckerschoten
100 g Okraschoten
2 EL Erdnussöl
4 El Sojasoße
Ingwer (1 cm Stück)

Basmatireis in reichlich Salzwasser zugedeckt 12 Minuten kochen lassen.

Gemüse waschen, Karotten und Lauch in Streifen schneiden, Okraschoten entstielen. Gemeinsam mit den Zucker- und Okraschoten in heißem Öl im Wok rasch anbraten. In Streifen geschnittenen Ingwer und Sojasprossen dazugeben und unter Rühren mitbraten. Mit der Sojasoße ablöschen und kurz durchdünsten lassen.

Reis abseihen und gemeinsam mit dem Gemüse servieren.

Nährwerte pro Portion:	
Energie	343 kcal / 1.436 KJ
Eiweiß	13,4 g
Fett	7,4 g
Kohlenhydrate	54,5 g
Ballaststoffe	10,1 g
Zucker	6,7 g

Kartoffel-Grünkern-Laibchen mit Mischgemüse

400 g Kartoffeln
3/8 l Gemüsesuppe
100 g Grünkernschrot
50 g Schnittkäse
250 g Karotten
300 g Kohlrabi
200 g Zucchini

1 Zwiebel
1 Bund Petersilie
1 Ei
2 EL Semmelbrösel
Salz, Pfeffer
4 EL Olivenöl

Kartoffeln in der Schale kochen. Grünkernschrot in 1/4 l Gemüsesuppe aufkochen, zugedeckt 5 Minuten köcheln und anschließend abkühlen lassen.

Für die Laibchen gekochte Kartoffeln schälen und durch eine Presse drücken. Mit Grünkern, geriebenem Käse, Ei, Semmelbröseln, gehackter Zwiebel und Petersilie verkneten. Mit Salz und Pfeffer würzen und zu 8 Laibchen formen.

Gemüse waschen, in große Stücke schneiden und in 1 EL Olivenöl anrösten, mit der restlichen Gemüsesuppe aufkochen und dünsten lassen.

Laibchen im restlichen Olivenöl auf jeder Seite ca. 5 Minuten braten. Gemüse mit Salz und Pfeffer abschmecken und mit den Laibchen anrichten.

Nährwerte pro Portion:	
Energie	374 kcal / 1.565 KJ
Eiweiß	13,6 g
Fett	16,2 g
Kohlenhydrate	42,4 g
Ballaststoffe	9,1 g
Zucker	2,9 g

Kartoffel-Spinat-Gratin

800 g Kartoffeln · 150 ml Magermilch
1 Ei
Salz, Pfeffer, Muskat
3 Tomaten
100 g Schalotten
2 EL Olivenöl
100 g Schafkäse · 300 g Blattspinat
Salz, Pfeffer

Kartoffeln schälen und in dünne Scheiben schneiden. Schuppenförmig in eine beschichtete Auflaufform legen. Milch und Ei gut verquirlen, mit Salz, Pfeffer und Muskat würzen und über die Kartoffeln gießen. Diese nun im Backofen (Heißluft: 175 °C, Backofen: 180 °C) 30 Minuten garen lassen.

Tomaten und Schafkäse in Scheiben schneiden, Schalotten längs halbieren. Öl in einer Pfanne erhitzen und die Schalotten darin anbraten. Gewaschenen Spinat beimengen und zusammenfallen lassen. Tomaten, Schafkäse, Schalotten und Spinat würzen, auf dem Gratin verteilen und noch weitere 15 Minuten backen.

Nährwerte pro Portion:	
Energie	310 kcal / 1.296 KJ
Eiweiß	14,3 g
Fett	12,0 g
Kohlenhydrate	34,2 g
Ballaststoffe	7,3 g
Zucker	1,0 g

Spinat-Lasagne

300 g TK-Blattspinat
1 EL Olivenöl · Salz, Pfeffer, Muskat
1 Knoblauchzehe
850 g geschälte Tomaten
Basilikum · 250 g Ricotta
100 g Parmesan
250 g Lasagneblätter (ohne Vorkochen)

Spinat auftauen, ausdrücken und grob zerkleinern. Im Olivenöl kurz anbraten und mit Salz, Pfeffer, Muskat und Knoblauch würzen.

Tomaten in einem Topf erhitzen und zugedeckt 10 Minuten köcheln lassen. Mit Salz und Pfeffer würzen und Basilikum beigeben.

Ricotta mit zwei Dritteln des geriebenen Parmesans vermischen.

Backofen auf 180 °C vorheizen. In eine beschichtete Auflaufform je die Hälfte Spinat, Lasagneblätter, Ricotta, Tomatensoße einschichten. Den Vorgang wiederholen. Mit Ricotta und dem restlichen Parmesan abschließen.

Zugedeckt 20 Minuten im Backrohr garen, anschließend den Deckel entfernen und offen weitere 15 Minuten weitergaren.

Nährwerte pro Portion:	
Energie	498 kcal / 2.085 KJ
Eiweiß	25,0 g
Fett	22,8 g
Kohlenhydrate	46,8 g
Ballaststoffe	6,5 g
Zucker	0,5 g

Spinat-Polenta-Auflauf

150 g Maisgrieß
350 ml Gemüsebrühe · 1 Ei
1 TL Butter · 1 EL Olivenöl
1 Zwiebel · 400 g Blattspinat
Salz, Pfeffer, Muskat
3 Tomaten · 100 g Schafkäse

Maisgrieß in die kochende Gemüsebrühe einkochen und bei sehr geringer Hitze ca. 20 Minuten ausquellen lassen. Ei unterrühren und die Masse auf eine mit Butter bestrichene Alufolie streichen, zu einer Rolle formen und erkalten lassen.

Zwiebel fein hacken und in Olivenöl andünsten. Grob geschnittenen Blattspinat dazugeben, kurz durchdünsten lassen und mit Salz, Pfeffer und Muskat abschmecken. Gemüse in eine beschichtete Auflaufform geben.

Tomaten und Grießrolle in dicke Scheiben schneiden und abwechselnd auf den Spinat legen. Schafkäse in kleine Würfel schneiden und über dem Auflauf verteilen. Im Rohr bei 180 °C ca. 30 Minuten backen.

Nährwerte pro Portion:

Energie	251 kcal / 1.052 KJ
Eiweiß	11,0 g
Fett	9,1 g
Kohlenhydrate	30,2 g
Ballaststoffe	5,3 g
Zucker	0,9 g

Karotten-Hafer-Topf

1 Zwiebel
1 EL Olivenöl
100 g Haferflocken, grob
1/2 l Gemüsesuppe
4 Stück Karotten
2 Stangen Lauch
Pfefferoni
2 EL Tomatenmark
Salz, Pfeffer, Thymian
4 EL geriebener Parmesan

Zwiebel fein hacken und in Olivenöl gemeinsam mit den Haferflocken kurz anrösten lassen. Mit der Gemüsesuppe aufgießen und gemeinsam mit den in Scheiben geschnittenen Karotten und Lauch ca. 15 Minuten fertig garen. Geschnittenen Pfefferoni beimengen und mit dem Tomatenmark und den Gewürzen abschmecken. Mit Käse bestreut servieren.

Nährwerte pro Portion:

Energie	210 kcal / 879 KJ
Eiweiß	9,8 g
Fett	8,3 g
Kohlenhydrate	23,6 g
Ballaststoffe	6,2 g
Zucker	2,0 g

Linsen-Karfiol-Curry

500 g Kartoffeln
750 g Karfiol (Blumenkohl)
Salz
4 TL Curry
1 Bund Lauchzwiebeln
1 Chilischote
2 EL Sojaöl
150 g rote Linsen
1 EL Weinessig
gemahlener Koriander

Kartoffeln in der Schale kochen. Karfiol in kleine Röschen teilen und in kochendem Salzwasser 5 Minuten garen. Abgießen, Kochwasser nicht wegschütten.

Lauchzwiebeln in kleine Ringe schneiden und gemeinsam mit den Karfiolröschen, der geschnittenen Chilischote in Öl anbraten lassen. Mit Curry bestreuen und mit dem Kochwasser ablöschen. Gemeinsam mit den Linsen 5 Minuten köcheln lassen. Gekochte Kartoffeln schälen, vierteln, zum Karfiol geben und nochmals 4 Minuten garen. Mit Salz, Koriander und Weinessig abschmecken.

Nährwerte pro Portion:	
Energie	296 kcal / 1.240 KJ
Eiweiß	16,6 g
Fett	4,3 g
Kohlenhydrate	45,9 g
Ballaststoffe	13,6 g
Zucker	2,4 g

Topinambur-Puffer mit Schnittlauchjogurt

400 g Topinambur
1 Ei
1 EL Weizenvollmehl
Salz, Pfeffer
1 EL Öl
250 g Magerjogurt
Salz, Pfeffer
1 Bund Schnittlauch
10 g frisch geriebener Kren (Meerrettich)

Topinambur unter fließendem Wasser gut bürsten, mit der Schale fein reiben, etwas ausdrücken und mit Mehl und Ei vermengen, würzen. Öl erhitzen und Topinamburmasse löffelweise in die Pfanne geben, flach drücken und beidseitig goldbraun anbraten.

Für die Schnittlauchsoße Magerjogurt durch einen Papierfilter ablaufen lassen. Schnittlauch klein schneiden und gemeinsam mit Kren zum Jogurt geben. Würzen.

Nährwerte pro Portion:	
Energie	114 kcal / 478 KJ
Eiweiß	7,0 g
Fett	5,3 g
Kohlenhydrate	8,9 g
Ballaststoffe	12,4 g
Zucker	1,1 g

Französischer Zwiebelkuchen

1 TL Trockenhefe
200 ml warmes Wasser · 200 g Vollkornmehl
1/2 TL Honig · 1 Prise Salz
200 g Zwiebeln · 1 EL Olivenöl
200 ml Magermilch · 2 Eier
Pfeffer, Salz, Muskat
3 Tomaten

Für den Teig Mehl, warmes Wasser, Trockenhefe, Salz und Honig zu einem festen Teig verkneten. Zugedeckt an einem warmen Ort gehen lassen, bis er seine Größe verdoppelt hat.

Für den Belag: Zwiebeln in Ringe schneiden und in heißem Öl dünsten. Leicht auskühlen lassen, mit der Milch aufgießen und die verrührten Eier unterrühren. Würzen.

Den Teig ausrollen und in eine beschichtete Tortenform (vorzugsweise viereckig) legen. Die Zwiebelmischung über den Teig verteilen und mit geschnittenen Tomatenringen dekorieren.

Im vorgeheizten Backrohr bei 180 °C ca. 25 Minuten goldbraun backen.

Nährwerte pro Portion:

Energie	284 kcal / 1.187 KJ
Eiweiß	13,4 g
Fett	7,1 g
Kohlenhydrate	40,7 g
Ballaststoffe	3,9 g
Zucker	0,8 g

Kohlauflauf

400 g Grünkohl
Salz, Pfeffer
1 Zwiebel
1 EL Öl
150 g faschierte Kalbsschulter
30 g Vollkornhaferflocken
Petersilie, Majoran
100 g Magerjogurt
1 Ei
50 g geriebener Schnittkäse

Kohl in Stücke schneiden und in wenig Wasser kernig kochen. Abseihen und abtropfen lassen, mit Salz und Pfeffer würzen. Die Hälfte des Kohls in eine beschichtete Auflaufform legen. Gehackte Zwiebel mit der faschierten Kalbsschulter im heißen Öl anbraten, leicht überkühlen lassen, würzen und mit den Haferflocken vermischen. Diese Masse auf dem Gemüse verteilen und mit dem restlichen Kohl abdecken.

Ei, Jogurt und Käse vermischen und über den Auflauf gießen. Im Rohr bei 180 °C 45 Minuten backen.

Nährwerte pro Portion:

Energie	167 kcal / 697 KJ
Eiweiß	18,3 g
Fett	7,6 g
Kohlenhydrate	5,5 g
Ballaststoffe	4,6 g
Zucker	0,8 g

Gemüse-Grünkern-Laibchen

8 Stück

100 g geschroteter Grünkern
1/8 l Wasser
1/2 Stk. Gemüsebrühwürfel
45 g gelber Paprika
100 g Karotten · 150 g Kohlrabi
40 g Zwiebel · 45 g Lauch
80 g Schnittkäse · 1 Ei
40 g Vollkornmehl
Salz, Pfeffer, Muskat, Kurkuma

Wasser mit Gemüsebrühwürfel aufkochen, Grünkern einstreuen und ca. 5 Minuten ausquellen und anschließend auskühlen lassen.

Paprika, Zwiebel und Käse in kleine Würfel schneiden, Karotten und Kohlrabi klein raspeln, Lauch in Streifen schneiden. Gemüse-Käse-Mischung mit Ei, Mehl und Grünkern vermischen, würzen. Mit den Händen 8 Laibchen formen und auf eine beschichtete Backfolie setzen. Im Backrohr bei 180 °C auf jeder Seite 12 Minuten backen.

Nährwerte pro Stück:

Energie	117 kcal / 488 KJ
Eiweiß	6,1 g
Fett	4,2 g
Kohlenhydrate	13,3 g
Ballaststoffe	2,5 g
Zucker	0,6 g

Gemüse-Kartoffel-Strudel

2 Stk. Strudelblätter
250 g Kartoffeln, fest kochend
300 g Gemüse (Lauch, Erbsen, Zucchini, Brokkoli, Spinat)
250 g Magertopfen (-quark)
1 Eidotter (Eigelb) · 2 Eiklar (Eiweiß)
50 g Bierkäse
Salz, Pfeffer, Muskat
1 Eidotter zum Bestreichen

Kartoffeln kochen, schälen und durch eine Kartoffelpresse drücken, Gemüse putzen, in kleine Stücke schneiden und kurz durchdünsten lassen, abseihen.

Topfen und Eidotter vermischen und unter die Kartoffelmasse heben. Mit Salz, Pfeffer und Muskat würzen. Eiklar zu Schnee schlagen und unter die Kartoffelmasse heben. Strudelteig auf ein Geschirrtuch auflegen. Mit der Kartoffelmasse bestreichen, Gemüse auflegen und mit geriebenem Bierkäse bestreuen. Strudel einrollen und mit Eidotter bestreichen. Im Backofen bei 180 °C 30 Minuten backen.

Nährwerte pro Portion:

Energie	268 kcal / 1.121 KJ
Eiweiß	21,2 g
Fett	8,8 g
Kohlenhydrate	29,7 g
Ballaststoffe	4,8 g
Zucker	2,3 g

Spinatknödel

8 Stück

400 g Blattspinat
200 g Kartoffeln
3 Eier
80 g Brösel
80 g Grieß
Salz, Pfeffer, Muskat

Blattspinat fein hacken. Kartoffeln kochen und durch eine Kartoffelpresse drücken. Alle Zutaten vermengen, Masse ca. 15 Minuten ziehen lassen, 8 Knödel formen, würzen und im Salzwasser 15 Minuten leicht köcheln lassen.

Gemüse-Topfen-Laibchen

8 Stück

100 g Magertopfen (-quark)
30 g Dinkelmehl
2 Eier
1/2 TL Backpulver
100 g Karotten
100 g Kohlrabi
100 g Lauch
Salz, Pfeffer

Karotten und Kohlrabi fein raspeln, Lauch in Streifen schneiden. Topfen, Eier, Mehl und Backpulver gut vermengen und mit dem Gemüse vermischen, würzen. Aus der Masse 8 Laibchen formen, diese auf eine beschichtete Backfolie legen und im Backrohr bei 160 °C ca. 20 Minuten backen.

Nährwerte pro Stück:

Energie	126 kcal / 527 KJ
Eiweiß	6,3 g
Fett	2,7 g
Kohlenhydrate	18,4 g
Ballaststoffe	3,1 g
Zucker	0,7 g

Nährwerte pro Stück:

Energie	55 kcal / 231 KJ
Eiweiß	4,6 g
Fett	1,9 g
Kohlenhydrate	4,8 g
Ballaststoffe	1,1 g
Zucker	0,4 g

Gemüsegulasch im Brotmantel

300 g Zwiebeln · 1 EL Öl
200 g Kohlrabi · 300 g Kartoffeln
200 g Karfiol · 100 g Erbsen
200 g Karotten · 3/4 l Wasser
1/2 Stk. Gemüsebrühwürfel
4 EL Paprikapulver, edelsüß
1 TL Essig · Salz, Pfeffer, Kümmel
1 TL Stärkemehl · 4 Stück Wachauerlaibchen

Zwiebeln hacken und in Öl anrösten. Paprikapulver einstreuen und sofort mit dem Wasser aufgießen. Gemüsebrühwürfel und Gewürze beimengen. Kohlrabi und Kartoffeln würfelig und Karotten in Scheiben schneiden, Karfiol in kleine Röschen teilen. Gemüse zu den Zwiebeln geben. Ca. 40 Minuten auf kleiner Flamme köcheln lassen. Zum Schluss das Stärkemehl im kaltem Wasser auflösen und zum Gulasch geben.

Bei den Wachauerlaibchen oberstes Drittel abschneiden und vorsichtig bis zur Rinde aushöhlen. Gemüsegulasch in das ausgehöhlte Gebäck geben, Deckel draufsetzen und so servieren.

Nährwerte pro Portion:

Energie	248 kcal / 1.038 KJ
Eiweiß	9,3 g
Fett	3,3 g
Kohlenhydrate	42,4 g
Ballaststoffe	9,6 g
Zucker	3,7 g

Kartoffelgulasch mit und ohne Fleisch

Ohne Fleisch:
300 g Zwiebeln · 1 EL Öl
800 g Kartoffeln · 4 EL Paprikapulver, edelsüß
Salz, Pfeffer, Majoran, Thymian
1 TL Essig · 1/2 l Wasser
1/2 Stk. Gemüsebrühwürfel · 1 TL Stärkemehl

Mit Fleisch:
statt 800 g nur 600 g Kartoffeln
200 g Puten-Frankfurter

Zwiebeln würfelig schneiden und im Öl glasig anrösten. Kartoffeln schälen und kleinwürfelig schneiden, zu den Zwiebeln geben. Paprikapulver drüberstreuen und sofort mit dem Wasser aufgießen. Gemüsebrühwürfel und alle Gewürze beimengen. Auf kleiner Flamme 30 Minuten köcheln lassen. Zum Schluss das Stärkemehl in kaltem Wasser auflösen und das Gulasch damit binden.

Für das Gulasch mit Fleisch: Zubereitung wie bei der fleischlosen Variante, nur die Puten-Frankfurter in Scheiben schneiden und 15 Minuten mitkochen lassen.

Nährwerte pro Portion:

	ohne Fleisch	mit Fleisch
Energie	222 kcal / 928 KJ	273 kcal / 1.142 KJ
Eiweiß	6,5 g	14,4 g
Fett	4,2 g	9,8 g
Kohlenhydrate	37,9 g	30,5 g
Ballaststoffe	8,0 g	6,8 g
Zucker	1,5 g	1,3 g

Kartoffel-Lauch-Laibchen

8 Stück

600 g mehlige Kartoffeln
200 g Magertopfen (-quark)
100 g Haferflocken
200 g Lauch
1 Ei
20 g Semmelbrösel
Salz, Pfeffer, Muskat
1/2 Bund Schnittlauch

Kartoffeln kochen und noch warm durch eine Kartoffelpresse drücken. Ausgekühlte Kartoffeln mit Magertopfen, Haferflocken, Ei, geschnittenem Schnittlauch und Gewürzen vermengen. Lauch in Scheiben schneiden und kurz in etwas Wasser blanchieren, abseihen und unter die Kartoffel-Topfen-Masse geben. Mit den Semmelbröseln binden. 8 Laibchen formen, auf eine beschichtete Backfolie legen und im Backrohr bei 160 °C ca. 20 Minuten backen.

Nährwerte pro Stück:

Energie	148 kcal / 606 KJ
Eiweiß	8,0 g
Fett	2,0 g
Kohlenhydrate	22,8 g
Ballaststoffe	3,0 g
Zucker	0,6 g

Krautpalatschinken

8 Stück

Palatschinken:
200 g Mehl
1/4 l Milch
2 Eier
Salz
2 EL Öl

Fülle:
1 Zwiebel
1 EL Öl
1 EL Zucker
1 kleiner Krautkopf (400 g)
1 Knoblauchzehe
Paprikapulver, Salz, Pfeffer, Kümmel

Mehl, Milch, Eier und Salz gut verrühren. Aus diesem Teig 8 Palatschinken backen.

Für die Fülle: Zwiebel hacken und mit Zucker im Öl anrösten, Kraut in Streifen schneiden, zu den Zwiebeln geben und dünsten lassen, würzen. Die Palatschinken mit dem Kraut belegen, einrollen, in eine beschichtete Pfanne geben und kurz im heißen Backofen (180 °C) erhitzen.

Nährwerte pro Stück:

Energie	181 kcal / 757 KJ
Eiweiß	6,2 g
Fett	6,9 g
Kohlenhydrate	23,0 g
Ballaststoffe	2,7 g
Zucker	1,6 g

Gemüse-Hafer-Laibchen

8 Stück

200 g Haferflocken
100 ml Wasser
1 Stange Lauch
2 Karotten
100 g Erbsen
100 g Kohlrabi
4 EL Vollkornmehl
50 g Schnittkäse
Salz, Pfeffer

Haferflocken in Wasser ca. 15 Minuten einweichen.

Lauch in Streifen, Karotten und Kohlrabi würfelig schneiden. Gemüse in wenig Wasser kurz dünsten, abseihen und leicht auskühlen lassen. Haferflocken, Gemüse, Mehl und in kleine Würfel geschnittenen Käse miteinander vermischen, würzen.

8 Laibchen formen und auf eine beschichtete Backfolie legen. Im Backrohr bei 180 °C 20 Minuten backen.

Nährwerte pro Stück:	
Energie	158 kcal / 662 KJ
Eiweiß	7,1 g
Fett	3,8 g
Kohlenhydrate	23,3 g
Ballaststoffe	3,6 g
Zucker	1,2 g

Hauptspeisen

mit Fleisch

Putenspinatrollen mit Reis

300 g TK-Blattspinat
1 Zwiebel · 1 Knoblauchzehe
3 EL Olivenöl
Salz, Pfeffer · 100 g Schafkäse
4 dünne Putenschnitzel (à 150 g)
200 g Basmatireis

Blattspinat auftauen lassen. Zwiebel und Knoblauch klein hacken, in der Hälfte des Olivenöls kurz anbraten und vom Herd nehmen. Blattspinat ausdrücken, grob hacken und mit der angerösteten Zwiebel verrühren. Salzen und pfeffern. Schafkäse in 1 cm große Stücke schneiden. Schnitzel mit Spinat und Schafkäse belegen und einrollen. Mit Holzspießchen feststecken. Backrohr auf 175 °C vorheizen. Putenrollen rundum im restlichen Olivenöl anbraten und im Backrohr ca. 15 Minuten fertig braten.

Basmatireis in reichlich Salzwasser zugedeckt 12 Minuten kochen. Abseihen und kurz ausdampfen lassen und gemeinsam mit den Putenrouladen servieren.

Nährwerte pro Portion:

Energie	477 kcal / 1.998 KJ
Eiweiß	46,0 g
Fett	14,2 g
Kohlenhydrate	40,0 g
Ballaststoffe	3,0 g
Zucker	0,4 g

Kürbiscurry mit Pute

400 g Putenbrust
600 g Kürbis
6 Schalotten
2 rote Paprikaschoten
400 ml Kokosmilch
4 EL Sojasoße
Pfeffer
Curry
Ingwer
200 g Reis

Putenbrust in kleine Streifen, Kürbis in Würfel und Paprika und Schalotten in Streifen schneiden. Putenbrust in der beschichten Pfanne ohne Zugabe von Fett kurz anbraten lassen. Mit der Kokosmilch aufgießen und gemeinsam mit dem Gemüse einige Minuten dünsten lassen. Mit den Gewürzen abschmecken.

Gemeinsam mit dem gedünsteten Reis servieren.

Nährwerte pro Portion:

Energie	400 kcal / 1.674 KJ
Eiweiß	32,7 g
Fett	3,1 g
Kohlenhydrate	58,7 g
Ballaststoffe	6,4 g
Zucker	6,7 g

Gekochtes Rindfleisch mit Kartoffelsoße

600 g Rindfleisch (Tafelspitz)

Soße:
650 ml Wasser
1/2 Stk. Gemüsebrühwürfel
Salz, Majoran
Kümmel
1 EL Essig
750 g mehlige Kartoffeln
Schnittlauch

Rindfleisch ins kochende Wasser geben und ca. 2 Stunden kochen lassen.

Für die Soße Wasser, Gemüsebrühwürfel, Salz, Majoran und Kümmel aufkochen lassen. Kartoffeln schälen und blättrig schneiden. Diese ins kochende Wasser geben. Essig beimengen und 40 Minuten dünsten lassen. Öfters umrühren, da die Soße leicht anbrennt.

Mit geschnittenem Schnittlauch servieren.

Nährwerte pro Portion:	
Energie	378 kcal / 1.584 KJ
Eiweiß	26,9 g
Fett	19,9 g
Kohlenhydrate	22,2 g
Ballaststoffe	3,4 g
Zucker	0,4 g

Kohlsprossenauflauf

800 g Kohlsprossen
Salz, Pfeffer, Kümmel
200 g geräucherte Putenbrust
2 EL Speisestärke
2 EL Wasser
2 Eier
500 g Magertopfen (-quark)
50 g Schnittkäse
Salz, Pfeffer

Kohlsprossen in wenig Wasser weich kochen, abseihen und in eine beschichtete feuerfeste Auflaufform geben, würzen.

Eier mit einer Gabel aufschlagen, Topfen unterrühren. Speisestärke in Wasser auflösen und unter die Topfen-Ei-Masse geben. Putenbrust würfelig schneiden und beimengen, würzen.

Die Soße über die Kohlsprossen geben, mit dem geriebenen Käse bestreuen und im Backrohr bei 170 °C 20 Minuten backen.

Nährwerte pro Portion:	
Energie	342 kcal / 1.433 KJ
Eiweiß	41,9 g
Fett	10,8 g
Kohlenhydrate	17,2 g
Ballaststoffe	8,9 g
Zucker	0,5 g

Hauptspeisen

mit Fisch

Provenzalisches Fischfilet mit Kartoffeln

600 g Kabeljaufilet · 3 EL Zitronensaft
4 Tomaten · 150 g Zucchini
150 g Auberginen · 1 roter Paprika
4 Stiele Thymian · 2 EL Olivenöl
Salz, Pfeffer
4 EL Parmesan · 600 g Kartoffeln

Fischfilet waschen, abtupfen, mit Zitronensaft beträufeln und mit Salz und Pfeffer würzen. Gewaschene Tomaten, Zucchini und Auberginen in ca. 1 cm breite Scheiben und Paprika in Streifen schneiden.

Fischfilet im Olivenöl auf jeder Seite anbraten und in eine feuerfeste Auflaufform geben. Im Bratenfett des Fisches nun das Gemüse kurz anrösten und dünsten lassen, Thymian beimengen, Gemüse über dem Fisch verteilen. Mit dem geriebenen Parmesan bestreuen und im Backofen (Heißluft: 180 °C) ca. 10 Minuten goldgelb überbacken. Kartoffeln in der Schale kochen und gemeinsam mit dem Fisch anrichten.

Nährwerte pro Portion:	
Energie	357 kcal / 1.490 KJ
Eiweiß	34,7 g
Fett	10,2 g
Kohlenhydrate	29,3 g
Ballaststoffe	7,3 g
Zucker	1,4 g

Gurken-Lachs-Pfanne mit Kartoffeln

500 g Kartoffeln
2 Gurken · 400 g Lachsfilet
1 EL Olivenöl
Salz, Pfeffer, Zitronensaft
Gemüsesuppe · Dill
200 ml Magermilch
1 EL Stärkemehl

Kartoffeln schälen, vierteln und zugedeckt ca. 20 Minuten kochen lassen. Gurken waschen, streifenförmig schälen, längs halbieren, entkernen und in dickere Scheiben schneiden.

Lachs in große Würfel schneiden. Öl in einer beschichteten Pfanne erhitzen und Lachswürfel darin 2 bis 3 Minuten anbraten lassen und herausnehmen. Gurkenscheiben in die Pfanne geben und mit etwas Gemüsesuppe aufgießen, salzen, pfeffern und zugedeckt ca. 5 Minuten köcheln lassen. Milch beimengen, Stärkemehl in etwas kaltem Wasser auflösen und eingießen, kurz aufkochen lassen. Angebratenen Lachs und gekochte Kartoffeln beimengen. Dill fein schneiden und drüberstreuen. Mit Zitronensaft abschmecken.

Nährwerte pro Portion:	
Energie	293 kcal / 1.227 KJ
Eiweiß	23,8 g
Fett	9,4 g
Kohlenhydrate	26,9 g
Ballaststoffe	4,0 g
Zucker	0,5 g

Scharfer Fischwok

500 g Schollenfilet
2 EL Sojaöl
1 Stück Ingwer
Zitronensaft
400 g Zucchini
300 g Karotten
50 g Frühlingszwiebeln
4 EL Sojasoße
1 EL Tomatenketchup
1 TL Speisestärke
Sambal Oelek

Schollenfilet in mundgerechte Stücke schneiden und im Wok im heißen Öl anbraten. Herausnehmen und warm stellen. Zucchini und Karotten in Streifen und Frühlingszwiebeln in schmale Spalten schneiden. Gemüse unter gelegentlichem Rühren im heißen Fett ca. 5 Minuten anbraten, Fischstücke und klein geschnittenen Ingwer beimengen und mit der Sojasoße ablöschen. Speisestärke im kalten Wasser auflösen, einrühren und kurz aufkochen lassen. Mit Tomatenketchup, Zitronensaft und Sambal Oelek abschmecken.

Nährwerte pro Portion:

Energie	217 kcal / 910 KJ
Eiweiß	26 g
Fett	8,4 g
Kohlenhydrate	8,9 g
Ballaststoffe	4,6 g
Zucker	0,7 g

Gemüse-Fisch-Pfanne

4 Stück Seelachsfilets (à 150 g)
500 g Brokkoli
2 rote Paprika
1 gelber Paprika
500 g Champignons
1 Zucchini
1 Zwiebel
1 EL Olivenöl
125 ml Gemüsesuppe
Sojasoße
Salz, Pfeffer
3 EL Magerjogurt

Gemüse in kleine Stücke oder dünne Scheiben schneiden. Öl in einer beschichteten Pfanne erhitzen und Gemüse kurz anrösten. Mit der Gemüsesuppe aufgießen und ca. 7 Minuten dünsten lassen. Fisch in mundgerechte Stücke schneiden und zum Gemüse geben. Nochmals 5 Minuten bei geschlossenem Deckel dünsten lassen. Mit Sojasoße, Salz und Pfeffer abschmecken und vor dem Servieren pro Portion etwas Magerjogurt zur Verzierung auf die Gemüsepfanne geben.

Nährwerte pro Portion:

Energie	259 kcal / 1.082 KJ
Eiweiß	39,2 g
Fett	4,8 g
Kohlenhydrate	13,4 g
Ballaststoffe	11,5 g
Zucker	0,2 g

Kleine Köstlichkeiten

Eingelegtes Gemüse süß-sauer

Zutaten für 2 Gläser (je 500 ml Inhalt)

1 Kopf Karfiol (Blumenkohl)
500 g Karotten
2 Zucchini
4 Frühlingszwiebeln
2 Lorbeerblätter
10 weiße Pfefferkörner
1/2 Tl Salz
2 EL Zucker
1/4 l Weißweinessig
1/4 l Wasser

Karfiol in kleine Röschen teilen, Karotten und Zucchini in Scheiben schneiden und Frühlingszwiebeln vierteln. In Wasser bissfest dünsten und abtropfen lassen. Gemüse abwechselnd gemeinsam mit den Gewürzen in die Gläser schichten. Essig, Wasser, Salz und Zucker aufkochen lassen und über das Gemüse gießen und die Gläser gut verschließen. Das Gemüse sollte einige Tage durchziehen und ist anschließend bis zu 3 Monaten haltbar. Am besten eignen sich dafür Einmachgläser.

Nährwerte pro Portion:

Energie	26 kcal / 108 KJ
Eiweiß	1,7 g
Fett	0,3 g
Kohlenhydrate	3,6 g
Ballaststoffe	2,2 g
Zucker	1,5 g

Sellerie-Apfel-Aufstrich

120 g Sellerie
1 Apfel
1 EL Zitronensaft
250 g Topfen 10 % F. i. T.
Salz, Pfeffer

Sellerie und Apfel schälen und fein raspeln. Topfen mit allen Zutaten vermischen und würzen.

Nährwerte pro Portion (30 g):

Energie	19 kcal / 80 KJ
Eiweiß	1,9 g
Fett	0,4 g
Kohlenhydrate	1,7 g
Ballaststoffe	0,3 g
Zucker	0,3 g

Eingelegte Paprika

2.000 g Paprikaschoten, gelb, rot, grün
150 ml Essig-Essenz (25 %)
4 Zwiebeln
1 TL Salz
2 TL Zucker
1 EL schwarze Pfefferkörner
1 TL Senfkörner

Paprika waschen, halbieren und die Kerne entfernen. Im Rohr (Schnittfläche nach unten) bei 225 °C 20 Minuten backen. Anschließend die Haut abziehen. Paprikahälften nochmals halbieren und in ein Einmachglas legen.

Essig-Essenz und geschälte, geviertelte Zwiebeln gemeinsam mit den Gewürzen in einem Liter Wasser kurz aufkochen und über die Paprika gießen. Gläser verschließen. Nach zwei Tagen den Sud abgießen und nochmals aufkochen. Diesen nun abkühlen lassen und wieder zu den Paprikas zurückgießen. Gläser gut verschließen.

Nährwerte pro Portion (30 g):

Energie	30 kcal / 128 KJ
Eiweiß	1,2 g
Fett	0,3 g
Kohlenhydrate	5,4 g
Ballaststoffe	3,0 g
Zucker	0,8 g

Rohkostaufstrich

200 g Magertopfen (-quark)
50 ml Mineralwasser
1 Karotte
1 Radieschen
50 g Gurke
Salz, Pfeffer, Kümmel

Magertopfen mit Mineralwasser verrühren. Karotte und Radieschen fein raspeln und gemeinsam mit den Gurkenwürfeln zum Topfen geben, würzen.

Nährwerte pro Portion (30 g):

Energie	13 kcal / 55 KJ
Eiweiß	2,0 g
Fett	0,1 g
Kohlenhydrate	1,0 g
Ballaststoffe	0,2 g
Zucker	0 g

Kürbis-Marillen-Marmelade

500 g Kürbisfruchtfleisch
150 ml Wasser
200 g Marillen (Aprikosen)
Saft einer Zitrone
250 g Gelierzucker (3 : 1)

Kürbis grob würfeln und mit dem Wasser zugedeckt 10 Minuten weich kochen lassen.

Fruchtfleisch pürieren, Marillen würfelig schneiden und gemeinsam mit dem Zitronensaft zum Kürbispüree geben.

Fruchtmischung mit dem Gelierzucker mischen und 3 Minuten unter Rühren sprudelnd kochen lassen.

Gläser mit Marmelade füllen, den Deckel verschließen und 5 Minuten auf den Kopf stellen.

Nährwerte pro Portion (30 g):

Energie	34 kcal / 141 KJ
Eiweiß	0,2 g
Fett	0,0 g
Kohlenhydrate	7,9 g
Ballaststoffe	0,2 g
Zucker	7,2 g

Kürbiskompott süß-sauer

6 Portionen

400 g Kürbis
300 ml Wasser
50 g Zucker
Obstessig
Schale einer ungespritzten Zitrone
1 Zimtstange
3 Gewürznelken
1 Msp. Ingwerpulver

Kürbis schälen und in Würfel schneiden. Zusammen mit den anderen Zutaten kurz aufkochen und ca. 15 Minuten ziehen lassen. Gewürze entfernen.

Nährwerte pro Portion:

Energie	52 kcal / 216 KJ
Eiweiß	0,9 g
Fett	1,3 g
Kohlenhydrate	11,4 g
Ballaststoffe	0,5 g
Zucker	8,8 g

Brot & Gebäck

Karotten-Früchte-Kuchen

16 Stück

300 g Weizenmehl
1 Pkg. Backpulver
100 g Zucker
1 EL Rum
2 Eiklar (Eiweiß)
125 ml Orangensaft
150 g Karotten
150 g getrocknete Marillen
50 g Rosinen

Karotten fein reiben und getrocknete Marillen fein hacken.

Mehl, Backpulver, Zucker und Rum vermischen, Eiweiße und Orangensaft dazugeben und Karotten, Marillen und Rosinen unterheben.

Die Masse in eine beschichtete Kastenform geben und im vorgeheizten Backrohr bei 160 °C 40 bis 45 Minuten backen.

Nährwerte pro Stück:	
Energie	132 kcal / 554 KJ
Eiweiß	3,1 g
Fett	0,3 g
Kohlenhydrate	27,8 g
Ballaststoffe	2,3 g
Zucker	9,7 g

Kürbis-Honig-Kuchen

20 Stück

2 Eier
2 EL warmes Wasser
150 g Honig
2 EL Rum
1 Prise Salz
1 TL Zimt
50 g Haselnüsse
200 g Kürbis
150 g Weizenmehl
1 TL Backpulver

Kürbis fein raspeln und Nüsse mahlen.

Eigelbe mit Wasser und Rum schaumig rühren. Honig langsam einrühren, Gewürze beimengen.

Mehl und Backpulver vermischen. Nüsse und Kürbis unter die Eimasse rühren, Mehl dazugeben.

Eiweiße zu steifem Schnee schlagen und vorsichtig unter die Masse heben. Den Teig in eine beschichtete Kastenform einfüllen und im vorgeheizten Backrohr bei 180 °C 60 Minuten backen.

Nährwerte pro Stück:	
Energie	74 kcal / 307 KJ
Eiweiß	1,9 g
Fett	2,3 g
Kohlenhydrate	10,5 g
Ballaststoffe	0,6 g
Zucker	0,4 g

Kürbisbrot

20 Portionen

Für 1 Brot von 1,2 kg
500 g Kürbis
25 g frischer Ingwer · 20 g Salz
4 Gewürznelken
50 g Kürbiskerne
42 g frische Hefe · 5 EL lauwarme Milch
30 g Zucker · 20 g Butter
500 g Weizenmehl (Type 550)

Kürbis schälen, entkernen und in kleine Würfel schneiden. Ingwer schälen und fein hacken. Kürbis mit 100 ml Wasser, Nelken, Ingwer und etwas Salz zugedeckt 10 Minuten köcheln lassen. Gewürznelken entfernen und Fruchtfleisch pürieren.

Kürbiskerne hacken. Hefe in Milch auflösen. Kürbispüree mit Zucker und Butter verrühren. Mehl und Salz in eine Schüssel geben. Eine Mulde bilden und die Hefemilch hineingeben. Lauwarmes Kürbispüree beimengen und zu einem glatten Teig verkneten. Zum Schluss zwei Drittel der Kürbiskerne untermengen und nochmals kurz durchkneten. Zugedeckt an einem warmen Ort ca. 20 Minuten gehen lassen.

Teig nochmals kurz durchkneten und in eine beschichtete Springform (Durchmesser: 24 cm) geben. Den Teig kreuzweise 6-mal einschneiden, mit Wasser bepinseln und mit den restlichen Kürbiskernen bestreuen.

Brot im heißen Backrohr bei 180 °C (Heißluft: 160 °C) 25 Minuten backen, aus der Form stürzen und mit der Unterseite noch oben noch weitere 10 Minuten backen. Während der Backzeit sollte eine Schüssel mit kochendem Wasser im Backrohr stehen.

Nährwerte pro Laib:	
Energie	2.429 kcal / 10.170 KJ
Eiweiß	75,2 g
Fett	48,2 g
Kohlenhydrate	417,0 g
Ballaststoffe	28,8 g
Zucker	35,2 g

Nährwerte pro Portion:	
Energie	121 kcal / 509 KJ
Eiweiß	3,8 g
Fett	2,4 g
Kohlenhydrate	20,9 g
Ballaststoffe	1,4 g
Zucker	1,8 g

Kürbisküchlein

12 Stück

200 g Kürbisfruchtfleisch
60 g Rohzucker
1/2 TL Zimt · 1/2 TL Ingwer, gemahlen
1/2 TL Gewürznelken, gemahlen
Muskat
250 g Mehl · Salz
1 Ei · 1 EL Öl
1/2 Würfel Hefe

Kürbisfleisch in grobe Würfel schneiden und in etwa 50 ml Wasser leicht garen, bis das Wasser verdampft ist. Anschließend fein pürieren und erkalten lassen.

Kürbispüree mit Zucker, Zimt, Ingwer, Gewürznelken und Muskat würzen, Mehl, eine Prise Salz, Ei und Öl beimengen und zerbröckelte Hefe unterheben.

Alle Zutaten zu einem glatten Teig verkneten. Diesen zugedeckt ca. 30 Minuten an einem warmen Ort gehen lassen.

Den Backofen auf 180 °C vorheizen. Teig in beschichtete Muffinformen füllen und etwa 30 Minuten backen.

Nährwerte pro Stück:

Energie	111 kcal / 463 KJ
Eiweiß	3,1 g
Fett	1,7 g
Kohlenhydrate	20,4 g
Ballaststoffe	1,0 g
Zucker	5,0 g

Oma's Kartoffelbrot

20 Stück

500 g Weizenmehl
Salz
80 g Zucker
1 Pkg. Vanillezucker
1 Ei
70 g Sonnenblumenöl
250 g mehlige Kartoffeln
1 Pkg. Trockenhefe
1/8 l Milch (lauwarm)

Kartoffeln kochen, schälen, durch eine Kartoffelpresse drücken und auskühlen lassen. Alle Zutaten zu einem geschmeidigen Teig kneten. An einem warmen Ort ca. 30 Minuten gehen lassen.

Im vorgeheizten Backrohr bei 170 °C 45 Minuten backen.

Nährwerte:

pro Laib		pro Scheibe	
Energie	3.002 kcal / 12.567 KJ	Energie	150 kcal / 628 KJ
Eiweiß	68,7 g	Eiweiß	3,4 g
Fett	87,3 g	Fett	4,4 g
Kohlenhydrate	479,3 g	Kohlenhydrate	24,0 g
Ballaststoffe	26,1 g	Ballaststoffe	1,3 g
Zucker	82,0 g	Zucker	4,1 g

Karottenkuchen

16 Stück

200 g Karotten
450 g Weizenvollkornmehl
1 Pkg. Backpulver
300 g brauner Zucker
1 Pkg. Vanillezucker
1 EL Zimt
4 Eiklar
120 ml Orangensaft
30 g Walnüsse

Für die Glasur:
50 g Staubzucker (Puder-)
2 EL Orangensaft

Karotten fein reiben und Walnüsse hacken Mehl, Backpulver, Zucker, Vanillezucker und Zimt vermischen. Eiweiße, Orangensaft und Karotten beimengen und zu einen glatten Teig verrühren, Walnüsse unterheben.

Den Teig in eine beschichtete Kastenform füllen und im vorgeheizten Backrohr bei 180 °C ca. 50 Minuten backen. Den Kuchen aus der Form geben, auskühlen lassen.

Staubzucker und Orangensaft verrühren und damit den Kuchen bestreichen.

Nährwerte pro Stück:

Energie	205 kcal / 860 KJ
Eiweiß	4,6 g
Fett	1,7 g
Kohlenhydrate	42,2 g
Ballaststoffe	1,6 g
Zucker	22,5 g

Kartoffel-Mohn-Kuchen

12 Stück

400 g mehlige Kartoffeln · 80 g Mehl
60 g gemahlener Mohn · 1 Prise Salz
1/2 Pkg. Backpulver · 75 g Halbfettmargarine
3 Eier · 1 EL warmes Wasser
80 g Zucker

Kartoffeln in der Schale kochen, schälen, durch eine Kartoffelpresse drücken und auskühlen lassen.

Mehl, Mohn, Salz und Backpulver mischen. Eier trennen und Eiweiße mit Zucker zu einem steifen Schnee schlagen. Eigelbe, Wasser und Margarine schaumig rühren, Kartoffelmasse und Mehl gut verrühren. Beides unter den Eischnee heben und mit den Händen kurz durchkneten.

Masse in eine beschichtete Springform füllen und im nicht vorgeheizten Backofen bei 200 °C (Heißluft: 180 °C) 45 Minuten backen.

Nach der Backzeit noch in der Springform auskühlen lassen und erst nach ca. 20 Minuten aus der Form lösen.

Nährwerte pro Stück:

Energie	120 kcal / 501 KJ
Eiweiß	3,4 g
Fett	4,3 g
Kohlenhydrate	16,6 g
Ballaststoffe	1,0 g
Zucker	6,8 g

Gesünder mit Kneipp

Die Kneippbewegung

gibt es auf der ganzen Welt, die 3 größten Verbände befinden sich in Österreich, Deutschland und in der Schweiz. An die 1.000 lokale Kneipp-Vereine oder Aktiv-Clubs bieten ihren Mitgliedern das Kneipp-Gesundheitsprogramm an: In Kursen kann man die Kneipp-Wasseranwendungen erlernen. Zum Kneipp-Programm gehören auch eine gesunde Ernährung, die Verwendung von Heilkräutern, viel Bewegung und eine Lebensordnung, die die Basis für ein Bestehen in allen Lebenslagen bietet.

50.000 Mitglieder gehören dem Österreichischen Kneippbund an, 160.000 dem deutschen Kneippbund e. V. und 16.000 dem Schweizer Kneippverband.

Wir laden auch Sie ein, Mitglied der Kneippbewegung zu werden!

Fordern Sie kostenlos unsere Informationsbroschüren an.

Ihrer Gesundheit zuliebe!

Interessenten wenden sich an:

Österreichischer Kneippbund
Kunigundenweg 10 · A-8700 Leoben
Tel.: (0 38 42) 2 17 18 · FAX: DW 19
Internet: www.kneippbund.at
E-Mail: office@kneippbund.at

Kneipp-Bund e.V., Deutschland
Adolf-Scholz-Allee 6 – 8 · D-86825 Bad Wörishofen
Tel.: (0 82 47) 30 02-0
Internet: www.kneippbund.de
E-Mail: kneippbund@t-online.de

Schweizer Kneippverband
Weissensteinstraße 35 · CH-3007 Bern
Tel.: (0 31) 3 72 45 43
Internet: www.kneipp.ch · E-Mail: info@kneipp.ch

Bleiben Sie gesund!